JN440770

연구보고서 2017-34

한국복지패널의 진단과 향후 개선 과제

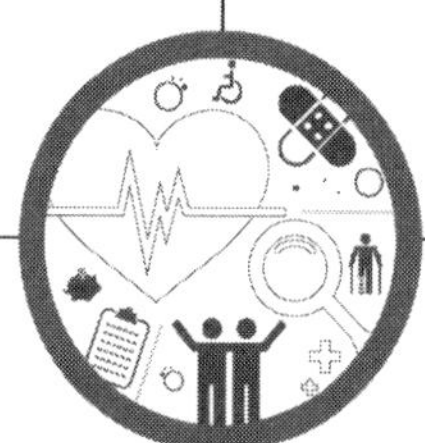

이현주 · 오미애 · 정은희 · 정해식 · 김현경 · 손창균 · 정익중 · 박형존

【책임연구자】
이현주 한국보건사회연구원 연구위원

【주요 저서】
2013년 한국복지패널 기초분석 보고서
한국보건사회연구원, 2013(공저)
빈곤에 대한 대안적 접근: 욕구범주를 고려한 다차원성에 대한 분석
한국보건사회연구원, 2012(공저)

【공동연구진】
오미애 한국보건사회연구원 연구위원
정은희 한국보건사회연구원 부연구위원
정해식 한국보건사회연구원 부연구위원
김현경 한국보건사회연구원 부연구위원
손창균 동국대학교 응용통계학과 교수
정익중 이화여자대학교 사회복지학과 교수
박형존 한국보건사회연구원 전문연구원

연구보고서 2017-34

한국복지패널의 진단과 향후 개선 과제

발 행 일 2017년 12월
저 자 이 현 주
발 행 인 김 상 호
발 행 처 한국보건사회연구원
주 소 [30147]세종특별자치시 시청대로 370
세종국책연구단지 사회정책동(1~5층)
전 화 대표전화: 044)287-8000
홈페이지 http://www.kihasa.re.kr
등 록 1994년 7월 1일(제8-142호)
인 쇄 처 (사)아름다운사람들복지회
가 격 7,000원

ISBN 978-89-6827-495-4 93330

발간사

본 연구는 한국복지패널 자료의 질을 향상시키기 위한 목적으로 수행되었다. 한국복지패널의 질과 관련된 이슈 전반에 대하여 검토하고 향후 질 개선을 위하여 추진하여야 하는 심층적 연구와 자료 생산과 활용에 관련된 과제를 정리하였다. 패널자료의 생산과 활용에 관련된 이슈는 대표성, 정확성, 안정성, 효과성, 효율성 등으로 다양하다. 이슈와 관련된 검토 및 논의 사안으로 표본과 가중치, 조사 방식 그리고 자료의 활용을 중심으로 현황과 과제를 정리하였다.

표본과 가중치에 대한 검토는 대표성과 안정성 확보를 초점으로 하였다. 한국복지패널은 역사가 길어지면서 표본 유실이 누적되고, 가중치의 극단값들이 나타나고 있다. 다만 신규 패널이 투입된 시점 이후로는 대표성 지표들이 안정화되고 있다. 조사 방식에 대한 검토는 정확성과 효율성 제고를 초점으로 하였다. 한국복지패널의 조사팀 운영, CAPI 시스템, 인포시트 활용을 진단하고, 조사 소요 시간 등을 분석하였다. 패널조사의 활용에 대해서는 효과성이라는 가치를 중심으로 검토하였다. 한국복지패널은 자료에 대한 접근성을 지속적으로 개선하여 왔다. 그리고 최근 한국복지패널 활용한 연구, 그중에서도 종단적 분석을 하는 연구가 증가하고 있다. 분석한 연구의 주 개념들의 공출현 빈도를 고려할 때, 소득이나 재산과 같은 복지패널의 견고한 기초정보를 근간으로 인구집단별, 주제별 연구로 핵심 주제가 이동, 확산 중인 것으로 판단된다. 하지만 한국복지패널은 국제비교연구에서 활용될 가능성이 상대적으로 낮은 편이다.

본 연구는 각 이슈별 분석결과에 기초하여 개선 과제를 제안하였다. 개선안은 단기에 적용할 수 있는 내용과 중장기에 적용할 내용으로 구분하여 정리하였다.

이 연구는 한국보건사회연구원의 이현주 연구위원의 책임하에 오미애 연구위원, 정은희 부연구위원, 정해식 부연구위원, 김현경 부연구위원, 박형존 전문연구원(이상 한국보건사회연구원), 동국대학교 손창균 교수, 이화여자대학교 정익중 교수에 의하여 수행되었다. 한국복지패널 자료의 생산과 활용에 관련한 거의 모든 주제를 다루고 개선안을 제시해야 했던 연구진의 노고에 감사의 뜻을 전한다. 또한 본 보고서를 검토하고 유익한 의견을 주신 본원 김태완 연구위원, 국민연금연구원 최옥금 박사께도 감사의 뜻을 전한다.

2017년 12월

한국보건사회연구원 원장

김 상 호

목 차

표 목차

그림 목차

Abstract

Korea Welfare Panel Survey: Present Status and Tasks for Improvement

Project Head · Lee, Hyonjoo

This study examines how the Korea Welfare Panel Survey (KOWEPS) is conducted and used, and attempts to come up with improve it. The panel survey, now a rich source of data for many researchers, is found to require improvements in its data collection and management, especially in sampling/weighting, survey method, and data use. KOWEPS has occasionally faced sample loss and extreme data values in recent years. A new supplementary sample added in 2012 has reduced the impact of sample loss and increased KOWEPS' representativeness. This study analyzes the surveyors' management of CAPI, info-sheets, and time used on surveying. The method of the survey is reviewed focusing on its accuracy and efficiency. KOWEPS has improved the data accessibility so longitudinal studies using its data have increased. But KOWEPS as it stands is not ready to be used in international comparisons. This study proposes a few follow-up studies and tasks to complement KOWEPS.

Co-Researchers: Oh, Miae · Joung, Eunhee · Jung, Hae-sik · Kim, Hyeon-kyeong · Son, Chang-Kyoon · Chung, Ick-joong · Park, Hyoungjohn

요 약

본 연구는 다음의 두 가지를 연구의 목적으로 하고 있다. 첫째, 한국복지패널 조사, 자료 생산 및 관리, 그리고 활용에 이르기까지 현황에 대한 종합적 파악을 목적으로 한다. 둘째, 한국복지패널의 개선 방안을 마련하고 중장기 과제를 정리하고자 한다. 이 연구의 가장 핵심적인 목적은 한국복지패널 자료의 질을 높이기 위하여 무엇을 하여야 하는지를 정리하는 두 번째 목적이라 하겠다.

한국복지패널은 2006년에 조사가 시작되어 2016년 11차까지 진행되어 오면서 정책 평가 및 기획에서 주요한 기초자료로 활용되어 왔다. 뿐만 아니라 역사가 길어지면서 각종 연구에서도 중요한 자료로 활용되어 왔으며, 특히 종단연구에서는 여타의 자료와 비교하여 누적된 시간과 정보의 양에서 우위를 점하여 왔다. 이러한 상황에서 한국복지패널의 질에 대하여 검토하고 질의 향상을 위한 논의를 하는 것은 동 자료의 학술적, 정책적 기여를 높이기 위해서 필수적인 것이다.

본 연구는 한국복지패널의 향후 개선을 위하여 크게 세 가지 이슈를 중심으로 분석하였다. 표본과 가중치, 조사, 그리고 자료의 공유 및 활용도이다. 각 이슈에 대한 분석에 앞서 우선 세 가지 이슈를 중심으로 해외 패널 자료의 경험, 이와 관련된 연구를 검토하였다. 그리고 결론에서는 각 이슈별 제안한 정책과제와 개선안을 시기별로 재정리하여 향후 한국복지패널이 무엇을 어떻게 변화하여 나갈지를 요약하고 이해를 돕고자 하였다.

해외 패널 조사의 경우 컴퓨터 기반조사에서 웹기반 조사로 변화 중이다. CAPI와 CATI에서 웹(Web) 인터뷰로 전환하는 방법을 모색 중이다.

웹상에서 인터뷰를 하게 될 경우, 기존의 조사 방식(CATI, CAPI 등)에 비해 대면조사를 하지 않아도 되어 비용 측면에서 큰 장점이 있다. 그러나 조력자인 면접원이 없기 때문에 웹 방식으로 전환할 경우, 응답률과 데이터의 품질은 중요한 이슈가 될 전망이다. 한국복지패널조사의 설문은 소득과 자산 부문에서 다양한 하위 항목으로 구성되어 있고 조사응답시간이 약 2시간 정도로 응답자의 부담이 높은 편이다. 관련 항목의 응답률과 조사의 정확성은 면접원의 능력에 의지하는 경향이 강하고 조사 대상자 중에서 웹 접근성이 낮은 집단이 상당 부분 포함되어 있어 새로운 조사 방식에 대한 숙고가 필요하다. 해외 패널 대부분이 조사에 참여하는 대가로 현금이나 바우처를 지급하고 있었다. 보상 방식과 관련하여 이루어진 다양한 개선안들이 논의, 실험 중에 있어 이를 정리하였다. 표본이탈을 방지하기 위한 표본이탈의 요인을 분석하는 것과 표본이탈을 방지하는 방안을 마련하는 것 등에도 해외 동향에서 보자면 지속적인 모니터링과 반영 기제 마련 등 고려할 만한 부분들이 적지 않았다. 자료의 활용을 위해서도 해외 패널자료들은 이용자 포럼을 운영하거나 관련하여 이용자를 지원하는 다양한 기회를 마련하고 있었다.

한국복지패널의 대표성 확보를 위해 표본과 가중치에 대한 부분을 심층분석하였다. 이탈가구와 유지가구 특성 차이를 분석하고, 복지패널의 가중치 변화를 분석함으로써 어떤 특성에서 가중치가 크게 변화되었는지를 살펴보았다. 그리고 각 차수별로 대표성을 검토하고자 응답률, 부차그룹 응답률 변동계수, 무응답가중치 분산, 사후층화 가중치분산, 대표성 지표(R-indicator) 등 척도를 활용하여 원패널과 신규 패널의 상황을 분석하였다. 그리고 마지막으로 표본과 가중치에 관련된 한국복지패널의 중장기적 방향을 제시하였다.

그리고 한국복지패널의 가중치 변화를 분석하였다. 한편 대표성 관련 척도를 정리하고 이를 적용하여 한국복지패널의 대표성 수준을 파악하였다. 가구 규모별로 3인 가구, 소득 계층별로는 저소득 가구에서 표본손실이 많았고, 지역별로 대구/경북 지역이, 연령별로 10대와 20대의 손실이 많아서 이들 집단의 가중치에서 상대적으로 극단값들이 나타났다. 이러한 경향은 당연 차수가 지속될수록 심화되는 경향을 보였다. 가구 패널과 개인 패널로 구분하여 대표성을 평가한 결과, 대체로 원가구 패널의 경우 패널의 대표성이 급격히 저하되는 시점이 7차 또는 9차 웨이브인 것으로 나타났다. 다만, 신규 패널이 투입된 시점부터 11차 웨이브까지의 대표성을 평가한 결과 지표들이 상대적으로 안정화된 상태이다.

조사 방식과 관련하여서는 한국복지패널의 조사 운영 방식의 타당성을 진단하고 조사 방식 중 주요 수단 두 가지, 즉 CAPI 시스템과 인포시트(Info-sheet)에 대하여 점검하였다. 그리고 설문지의 구성과 응답률, 소요시간을 살펴보았다. 조사 방식에서 지역조사팀이 구축 중이나 아직 더 진행이 필요한 상황이다. 다만 지역조사팀의 운영에서 지역 실정에 따라 역할분담의 차이를 두는 융통성이 필요한 상황이다. 조사원들이 연령이 높아지면서 미래 한국복지패널 조사원들의 보강이 기획될 필요가 있다고 판단되었다. 이러한 기획에서는 신규 조사원의 영향을 보다 정밀하게 파악할 수 있는 자료의 축적과 분석이 선행되어야 할 것이다. 현재로는 이를 정확하게 파악할 수 있는 자료와 연구 축적이 부족한 상황이다. 지역조사팀이 전면화될 경우 전국 단위 조사인 한국복지패널의 지역 간 격차 발생을 예방하는 안전기제가 필요할 것으로 판단된다. 단기적으로 사후 검증체계를 강화하여 조사의 질을 높이고 다른 한편으로는 조사기획과 관련된 정보를 수집하는 노력이 배가되어야 할 것이다. CAPI 운영의 장점 중 하나는 조사원과 조사지도원 간 커뮤니케이션을 원활히 하는 기능이었다. CAPI 운영에서 외부위탁방식을 채택하고 있으나 운영상 일정 관리 등에서 단점이 있다고 판단되었다. 하지만 비용 등 기타 관련 비용을 종합적으로 검토하여 내부 수행 방식 등과 비교하고, 미래 전략이 수립될 필요가 있다. 인포시트의 내용 중에서는 가구원의 교육수준, 경제활동 상태, 업종, 직종 등의 정보 제공이 핵심적인 부분이다. 조사의 정밀성에 대한 인포시트의 영향을 분석하고 향후 인포시트 내용의 축약과 정리 등이 이루어져야 할 것이다. 인포시트의 내용이 너무 방대해지면 이 내용에 대한 의존과 현재 상황에 대한 반영에서 장애가 발생할 위험이 있기 때문이다. 현재 유효응답이 응답자의 3% 이하(7,000개 사례 기준으로 약 210개 사례 이하)인 문항은 63개 문항에 이른다. 현재 조사소요시간이 매우 긴 상황에서 조사의 부담을 줄이기 위한 조사 내용 재조정은 긴요한 사안이다. 다만 각 문항의 의의와 활용 등을 분석한 이후에 최종 판단이 가능할 것이다.

한국복지패널 자료의 활용은 그동안 이용자의 의견을 반영하여 개선을 거듭하여 왔다. 이러한 노력의 결과로 이용자 증가, 종단분석 연구의 증가, 분석 주제의 다양화 등이 이루어지고 있다. 최근 한국복지패널 활용 연구의 분석 결과, 증가한 주요 개념들은 "노인", "우울", "빈곤", "가구", "웰빙", "변화"였고 최근으로 올수록 인구집단별 분석, 빈곤에서 복지태도, 가족, 건강 등으로 주제 변화도 엿보인다. 종단 분석 기법의 활용이 증가 중인 한편 개념의 공출현 빈도를 고려할 때, 소득이나 재산과 같은 복지패널의 견고한 기초정보를 근간으로 인구집단별, 주제별 연구로 핵심 주제가 이동, 확산 중인 것으로 판단된다. 그럼에도 불구하고 아직 자료 활용도를 높이기 위한 과제가 적지 않다. 예를 들면 일정 변수에 한정한 선택적 자료 다운로드 등이 가능해져야 할 것이다. 이용자의 의견 수렴 채널을 넓히고 응답의 부담을 줄이면서 활용도가 높은 변수로의 집약 등을 고려하여야 한다. 그리고 연구 공유의 기회로서 학술대회에서 포스터 발표 등의 기회를 확대할 수 있도록 하고 발표 연구의 질을 높이는 노력도 병행되어야 한다. 학술대회의 내용을 충실히 하기 위해서는 자료에 대한 이해, 분석 방법의 공유 등이 뒷받침되어야 하므로 데이터 설명회도 보강이 필요하다. 연구원 내부적으로는 한국복지패널을 활용한 종단 연구 등 우수 연구의 워킹페이퍼 시리즈 발간을 통하여 연구방법에 대한 공유 등이 이루어질 수 있을 것이다. 한국복지패널은 그 긴 역사에도 불구하고 아직 국제화 준비가 충분하지 않다. 현재 복지패널 영문 홈페이지에서는 영문 유저가이드를 다운로드할 수 있고 질문지도 영문화가 상당히 추진된 상태이다. 하지만 아직 표준화의 과제가 남겨져 있고 해외 연구진과의 자료 공유 기회 등도 마련하여야 하는 상황에 있다.

위의 연구결과에 근거하여 한국복지패널의 개선 과제를 정리하였다. 과제는 이슈별로, 그리고 단기와 중장기를 구분하여 과제 수행 기간별로 정리하였다. 지속적인 질 관리를 위하여 필요한 후속 연구는 별도로 정리하였다. 표본손실과 가중치 변화는 지속적으로 모니터링하고 대표성을 높이기 위해 표본을 보강하는 등의 기획이 중기적으로 필요하다. 조사와 관련하여서는 단기적으로 사후검증을 강화하고 지역조사팀을 꾸준하게 확충하여 가야 할 것이다. 그리고 조사의 부담을 고려한 조사내용의 수정 보완도 중장기적으로 추진되어야 할 것이다. 신규 표본의 교체와 보강 기획과 함께 조사 외주 등 조사 방식에 대한 근본적 대안도 기획이 되어야 할 것이다. 자료의 활용에서는 학술대회의 구성과 진행, 발표 기회의 다변화 등이 필요한 상황이다. 데이터설명회도 기존의 방식에서 더 긴 시간, 풍부한 내용으로 실제 패널 자료의 분석으로 이어지도록 보완되어야 할 것이다. 해외 패널과의 네트워크를 구축하되 이 과정에서 미진한 표준화가 일정 수준 이상으로 보강되어야 할 것이다. 정기적 이용자 포럼 등 다양한 이용자의 의견을 반영할 통로를 운영하고 필요한 변수에 한정한 자료 다운로드 등 자료에 대한 접근성과 자료 이용의 효율성을 높이는 대안 모색도 필요하다.

*주요 용어: 한국복지패널, 표본, 가중치, 대표성, 조사, 활용

제 1 장 서 론

1 서론

제1절 연구의 필요성 및 목적

1. 연구의 배경과 목적

한국복지패널은 2006년에 조사가 시작되어 2016년 11차까지 진행되어 오면서 정책 평가 및 기획에서 주요한 기초자료로 활용되어 왔다. 이뿐만 아니라 역사가 길어지면서 한국복지패널은 각종 연구에서도 중요한 자료로 활용되어 왔으며 특히 종단연구에서는 여타의 자료와 비교하여 누적된 시간과 정보의 양에서 우위를 점하여 왔다. 이러한 상황에서 한국복지패널의 질에 대하여 검토하고 질의 향상을 위한 논의를 하는 것은 동 자료의 학술적, 정책적 기여를 높이기 위해서 필수적인 것이다.

한국복지패널과 관련하여 지금까지 진행된 연구는 기초분석을 담은 연구와, 다양한 주제에 대하여 동 자료를 분석에 활용한 연구로 구분할 수 있다. 후자의 연구는 한국복지패널 기초분석과 함께 본 원에서 심층분석이라는 이름의 연구로 진행되기도 하였다(여유진 등, 2008, 2009; 강신욱 등, 2011). 이 심층연구는 지난 몇 년간 발간이 중단되었다. 그 이유는 한국복지패널을 활용한 다양한 연구들이 축적되는 상황에서 동 자료를 활용한 별도의 연구를 수행하는 의의가 약해졌기 때문이다.

상기 두 연구 모두 한국복지패널 자료를 활용한 연구이지만 동 자료의 생산과 활용 자체를 주제로 한 연구로 보기는 어렵다. 비정기적으로 표본이 추가되는 시기 등, 특정 시점에 동 자료의 현황에 대한 분석이 진행된 바 있기는 하지만 전면적 검토로 보기에는 그 분석의 범위가 제한적이다.

본 연구와 가장 관련이 깊은 선행 연구는 패널자료를 생산하는 주체가 해당 패널자료의 질을 향상시키기 위하여 수행한 연구들이다. 우리나라에서도 이제 다양한 패널자료가 생산 중이다. 우리나라의 현존하는 패널자료 중 가장 역사가 긴 한국노동패널자료를 생산하는 한국노동연구원도 동 자료의 질을 높이기 위하여 연구들을 수행하여 왔다(이상호, 2006; 홍민기 등, 2014). 이 연구들은 노동패널자료의 표본과 측정오차 등 현황을 분석하고, 그 대안을 모색하는 연구들로 측정오차 보정, 표본이탈에 대한 대안 제시 등 질 제고를 위한 과제들을 정리, 제안 사항을 논의하고 있다.

일반적인 패널자료의 생산과 관련된 통계학적 연구들도 있다(신동균, 1998; 강석훈, 1998). 해외 주요 패널의 운영에 대한 비교와 이를 기초로 하여 한국적 함의를 모색하는 연구나 패널자료의 이용자를 위한 질 관리에 대한 논의 등이 이러한 연구들의 주제이다.

본 연구와 선행연구와의 차별성은 핵심적으로는 한국복지패널자료의 질 향상을 초점으로 하는 연구라는 점이다. 물론 이 과정에서 패널자료에 대한 통계적 전문성을 갖춘 선행 연구와 유사 자료의 생산주체들이 수행한 연구들을 참조하는 것이 연구의 전제가 될 것이다.

한국복지패널의 질을 핵심 주제로 한 연구가 본격적으로 수행된 바 없다고 해도 과언이 아니다. 한국복지패널의 소개, 또는 동 자료를 활용한 다양한 주제의 연구들은 계속 누적되고 있으나 정작 해당 자료의 질을 높이고자 하는 자료 생산과 자료 자체의 가치에 대한 분석은 제대로 진행되지 못한 것이 사실이다. 자료 활용이 확대되고 있고 자료의 역사도 길어지면서 한국복지패널을 위한 사회적 자원 투입과 기여의 수준이 계속 높아지고 있다. 따라서 한국복지패널의 질을 관리하는 것을 목적으로 하는 연구의 수행을 더 이상 지연할 수는 없다고 판단된다.

한국복지패널의 질에 대한 논의는 통계적 대표성 확보, 그리고 그 밖의 다양한 측면을 포괄하여 정치한 분석을 전제로 하여야 할 것이다. 복지패널자료는 10년 이상의 역사를 축적하면서 이룩한 많은 기여에도 불구하고 표본의 손실로 인한 대표성 문제 등 자료의 안정성에 대한 다양한 문제에 직면하여 왔다. 그리고 한국복지패널은 조사의 기획과 조사의 수행, 조사 이후 자료의 관리에 이르기까지 조사 단계마다 적지 않은 변화를 경험하면서 또 다른 미래의 숙제들을 안고 있기도 하다. 자료의 활용에 있어서도 더 많은 정책기획자, 연구자들이 좀 더 쉽게 그리고 보다 효과적으로 자료 이용이 가능하도록 개선할 점들이 없지 않을 것으로 추정되며 이와 관련하여 이용자의 의견이 꾸준히 이어지고 있다. 자료의 활용과 관련하여서는 한국복지패널 자료의 활용이 해외에서도 가능하도록 하여 국가 비교 연구에서 우리나라에 대한 관심을 높이는 기회를 만들고자 하는 시도도 진행된 바 있다.

본 연구는 다음의 두 가지를 연구의 목적으로 하고 있다. 첫째, 한국복지패널 조사, 자료 생산 및 관리, 그리고 활용에 이르기까지 전면적으로 현황에 대한 파악을 목적으로 한다. 동 연구 목적은 각종 현황 자료의 분석을 전제로 달성할 수 있을 것이다. 둘째, 본 연구는 한국복지패널의 개선 방안을 마련하고 중장기 과제를 정리하고자 한다. 본 연구의 가장 핵심적인 목적은 한국복지패널 자료의 질을 높이기 위하여 무엇을 하여야 하는지를 정리하는 것으로, 이것이 두 번째 목적이라 하겠다. 개선 방안은 개선 방안을 구체화하기 위한 후속 연구의 제안을 포함하게 될 것이다. 이유는 본 연구가 한국복지패널의 질과 관련하여 전반적인 검토의 의미를 지니는 연구로 시발점이 되는 연구이며 각 이슈를 구체적으로 진단, 개선안을 마련하는 것은 어렵기 때문이다. 즉 본 연구의 과제 설정은 이후 질 제고를 위한 다양하고 구체적인 연구가 필요함을 확인하는 과정이기도 하다.

제2절 분석 틀과 연구 내용

1. 한국복지패널의 개요

한국복지패널은 국내에서 수행 중인 가구 단위 패널조사 중 한국보건사회연구원의 한국의료패널조사 다음으로 규모가 큰 패널조사이다(김문길 등, 2016). 한국복지패널의 경우 최초 원표본 가구 규모는 7072가구로 시작하여, 이후 조금씩 감소하기는 하였으나 2016년 11차 조사 완료된 원표본 가구는 총 4,560가구에 이르고 있다(한국복지패널. 또한, 2012년 7차 조사에서는 원표본 가구 유지율의 감소에 대비하기 위해 사전 검토 및 예비조사를 거쳐 신규 표본 1,800가구를 추가하였다. 따라서 현재 2016년 11차 조사에서는 이들 신규 표본가구 1534가구를 조사 완료하였으며, 11차 자료의 가구 단위 관측치는 6,723가구(원표본 가구+신규 표본 가구 등), 개인 단위 관측치는 1만 6,664명(15세 이상 개인 1만 3,647명)이다.

한국복지패널 조사는 1년을 주기로 실시하고 있으며, 부가조사는 아동-복지 인식-장애인의 순서로 3년을 주기로 실시하고 있다. 이에 따라 1, 4, 7, 10차 연도에는 아동 부가조사, 2, 5, 8차 연도에는 복지 인식 부가조사, 3, 6, 9차 연도에는 장애인 부가조사를 실시하였다.

한국복지패널 조사의 가구조사표는 가구원 공통 항목에 대한 내용으로 가구일반사항, 가계수지 및 생활실태, 경제활동 상태, 건강 및 의료실태, 사회보장제도 및 복지서비스 등과 관련된 18개 영역으로 구성되어 있다(김문길 등, 2016). 그리고 가구원조사표는 사회보장제도, 근로 상태, 생활실태 만족 및 사회적 환경에 대한 의식, 생활습관, 정신건강 등으로 구성되어 있으며 신규가구원용은 교육, 개인사에 관한 영역이 추가되어 총

7개 영역을 조사하고 있다.

한국복지패널은 전국을 대표하는 패널조사이면서도 저소득층 연구에 적합한 패널이다. 표본추출 시 중위소득 60% 미만 저소득층에서 전체 표본의 약 50%를 할당하였기 때문에 국내 패널조사 중에서 가장 많은 저소득층 가구를 포함하고 있다(김문길 등, 2016). 따라서 저소득층 대상 정책이나 빈곤 연구에 가장 적합하다. 또한, 여러 영역의 조사 내용을 풍부하게 포함하고 있어 사회복지학 외에도 다양한 분야에 걸쳐 학제 간 연구의 장을 제공할 수 있다(김문길 등, 2016). 이를 위해 한국복지패널은 기본적인 데이터 관리 작업의 수고를 덜 수 있도록 가구+가구원+부가조사 데이터의 차수별 결합 데이터를 공개하는 한편, 11차부터는 1~11차 종단분석용 결합 데이터를 제공하고 있다(매해 3월 말일 새로운 차수 데이터와 함께 홈페이지에 공개). 또한, 한국복지패널의 데이터는 패널의 국제 비교가 가능하도록 조사 문항 구성 시 외국의 관련 패널 문항을 반영하였으나, 영문 유저 가이드만 다운 가능하며, 조사표와 데이터의 영문화 작업은 미완성 단계에 있다.

2. 분석 틀 구성

앞서 언급한 바와 같이 한국복지패널의 역사는 10년을 넘기고 있다. 역사가 길어지면서 표본이탈의 문제와 조사 방법의 변화 등 여러 가지 이슈에 직면하고 있다. 이뿐 아니라 자료의 생산 목적을 달성하기 위한 활용 기반을 넓히는 지속적인 노력도 필요하다. 이러한 문제는 대부분의 패널자료 생산주체들이 경험하는 공통적 이슈이기도 하다. 결국 본 연구가 한국복지패널의 향후 개선을 위하여 다루게 될 주요 이슈는 크게 세 가지이다. 표본과 가중치, 조사, 그리고 자료의 공유 및 활용이다.

패널의 표본설계와 표본유지는 자료의 대표성, 그리고 안정성과 관련된 이슈이다. 표본설계가 합리적이고 표본유지율이 높아야 자료의 대표성이 확보되며 이후 자료의 안정성을 유지할 수 있다. 본 연구의 분석 첫 부분에서는 한국복지패널 자료의 표본손실 상황, 가중치 부여 방식과 가중치 변화, 그리고 그 영향을 분석하였다. 표본설계와 유지는 표본추가 또는 장기적으로 표본교체와 다음 코호트의 패널 구성 등을 포함하는 포괄적인 논의가 될 것이다.

본 연구의 3장에서는 우선 한국복지패널의 표본이탈(Attrition)과 가중치(Weights) 변화에 대한 분석을 하고 이 결과에 기초하여 향후 개선 필요 사항을 정리하였다. 표본이탈가구의 특징에 대한 분석, 이탈 이유 추정 등을 시도하였다. 또한 향후 이탈 규모나 속도를 감안하여 대표성의 훼손이 심각한 시점을 추정하거나 판단하는 방식도 검토하였다. 기타 기본적인 분석으로 가중치의 분포, 편차의 변화 등도 분석하였다. 이러한 분석을 거친 후 표본손실로 우려되는 대표성 수준을 파악하는 주요 지표들을 선정, 지표들의 변화를 분석하고 향후 이러한 지표 변화의 활용도 제안하고 있다.

패널의 조사 방식은 자료의 정확성, 안정성과 효율성에 영향을 주는 중요한 이슈이다. 조사를 어떻게 하는가에 따라 응답의 정확성에 변화가 나타나는 경험은 비일비재하였다. 조사 방식의 선택은 조사의 내용과 양 등 여러 요건들을 고려하여 이루어지는 것이지만 주어진 조건이 유사할 때도 고려할 만한 방식은 다양하므로 조사 방식의 선택과 조사 운영은 더욱 복잡한 영역이다. 조사 방식이 변화하면 응답이 변화하므로 당연 조사 자료의 안정성과 관련되며 조사 방식이 각기 다른 비용을 필요로 하고 생산된 자료의 이용이 응답의 정확성으로부터 영향을 받을 것이므로 당연 효율성과도 관련된다.

본 연구의 4장에서는 현재 조사 방식이 당면한 문제를 정리하고 다양한 조사 방식의 장단점을 검토하였다. 그리고 향후 조사 방식이 자료의 정확성, 안정성, 그리고 효율성을 높이려면 어떠한 개선을 필요로 하는지도 정리하였다. 그리고 CAPI 방식 등 구체적 조사 방식의 개선과 관련된 논의, 인포시트(info-sheet)의 구성과 영향, 그리고 개선 필요 사항에 대한 검토 등도 포괄하고 있다.

본 연구의 5장에서는 패널자료의 활용에 대하여 분석·논의하고 있다. 패널자료의 활용과 관련하여서는 패널자료의 구성 변화와 이용자의 문제 인식 등을 중심으로 자료 제공 현황과 문제점, 데이터 형식, 제공 절차의 용이성 등에 대한 분석을 포괄하여 이용자의 자료 활용 수준과 장애를 종합적으로 분석하고 있다.

그리고 이용자의 주된 학술적 참여 기회가 되는 복지패널 학술대회의 참여 방식과 그 변화에 대하여 분석하고 이 기회를 좀 더 효과적으로 제공하는 방안도 고민하였다. 이 밖에 국내외 패널자료의 국제화 현황 및 한국복지패널의 국제화 전망에 대한 분석, 동 자료의 영문화 진행 현황과 문제점 파악 등도 포괄하여 한국복지패널의 활용 기반을 해외 연구자에게 확대하는 방안도 검토하였다.

[그림 1-1] 분석 틀 및 분석 내용

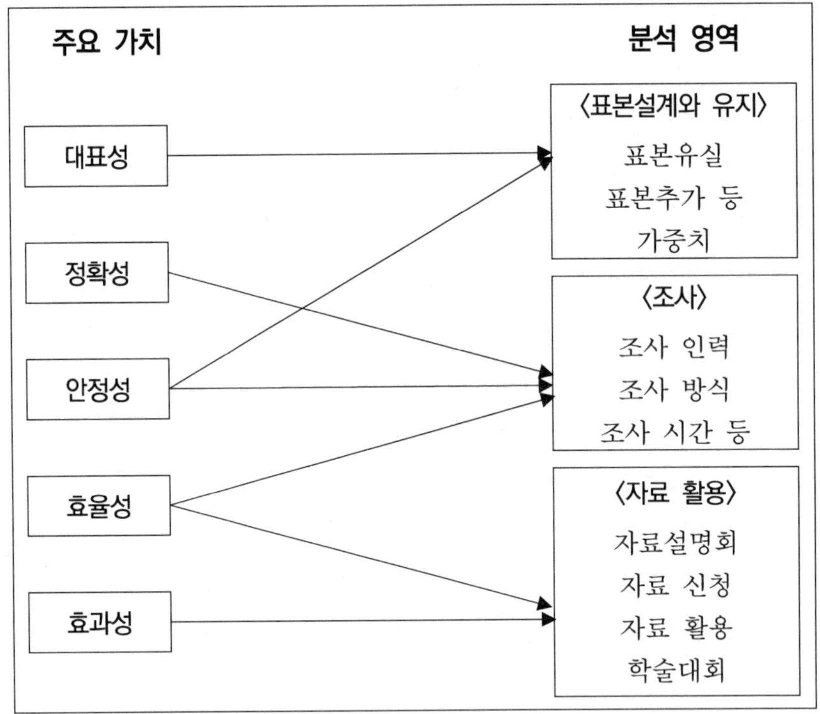

본 연구는 앞서 설명한 바와 같이 세 가지 이슈를 중심으로 현황을 검토하고 개선 방안을 논의하고 있다. 각 이슈에 대한 분석에 앞서 우선 세 가지 이슈를 중심으로 해외 패널 자료의 경험, 이와 관련된 연구를 검토하였다. 현황 분석과 과제정리는 이슈별로 수행하였으며 결론에서는 이슈별로 제안한 정책과제와 개선안을 시기별로 재정리하여 향후 한국복지패널이 무엇을 어떻게 변화하여 나갈지를 요약하여 독자의 이해를 돕고자 하였다.

제3절 연구 방법

본 연구는 패널자료의 분석과 전문가 의견 수렴을 주된 연구 방법으로 활용하였다. 이와 더불어 관련 연구의 경향을 이해하고 함의를 찾기 위한 문헌자료 분석도 수행하였다.

우선 문헌자료 분석을 통하여 패널자료의 조사 및 관리 등에 대한 학술자료를 검토하였고 국내 패널자료 질 관리를 위한 선행 연구에 대한 검토도 하였다. 문헌자료의 분석은 제2장 해외 동향 분석과 각 장의 주제별 논의에서 공히 활용된 방법이다. 문헌 분석 외에도 관련 자료 생산주체의 홈페이지 접속 등을 통하여 국내외 패널자료의 생산과 질 제고에 관한 정보를 입수하고 분석하였다.

한국복지패널 원자료의 분석은 중요한 분석 방법 중 하나였다. 특히 표본과 가중치에 관한 논의를 진행하는 데 있어 원자료 분석은 중요한 연구 방법으로 활용되었다. 변화를 보기 위해 한국복지패널 각 연도 원자료를 분석에 활용하였다. 이 밖에도 한국복지패널의 조사 방법 등에서 구축된 관련 정보의 분석도 이루어졌다. 조사 과정 기록, 조사원과 조사 완료 자료가 이러한 자료의 예에 속한다. 추가적으로 자료의 해석과 개선 과제의 정확한 정리를 위하여 조사원 면접 등의 방법도 추가로 수행하였다. 조사원 면접은 2017년 조사 진행 중 각 조사 지역으로 연구자가 방문하여 진행하였다. 약 50명의 조사원을 지역 단위당 1개의 조사팀(5명)씩 만나 면접하였다. 이 연구 방법은 주로 조사 현황 분석에서 활용하였다.

끝으로 본 연구에서는 앞서 언급하였듯이 자료 이용자의 의견, 패널자료 관련 전문가의 의견 등 관계자 의견 수렴을 중요한 연구 방법으로 활용하였다. 패널자료는 그 생산과 활용에서 많은 이들이 관여하는 자료로 자료에 대한 이해를 위하여 그리고 개선 과제를 풍부하게 하기 위해서는 의견 수렴 과정이 충분하게 진행될 필요가 있었다. 관계자 중에는 패널자료 사용자, 유사 패널 생산자 등이 포함되어 있다. 이 방법은 주로 패널자료의 활용 분석 부분에서 사용하였다.

제 2 장 패널조사 및 관련 연구의 해외 동향

2 패널조사 및 관련 연구의 해외 동향

한국복지패널은 우리나라 취약계층의 생활실태와 욕구를 파악하고, 이를 기반으로 복지정책과 프로그램을 개발하고 평가하는 데 기여하기 위하여 구축되었다. 사회환경의 변화와 함께 취약계층의 삶도 변화한다. 따라서 이들 집단의 동태적 변화에 대한 양질의 자료를 구축하는 것은 연구의 학술적 가치와 정책의 효과성 평가에 영향을 미치는 중요한 요인 중의 하나이다.

패널조사의 질에 영향을 미치는 요인은 조사를 어떻게 설계하는가에서부터 조사 과정, 조사 결과 관리 및 활용에 이르기까지 매우 다양하다. 코엔과 동료들은(Coen, Patrick & Shern, 1996)은 패널자료의 질을 높이기 위해 패널조사 과정에 대한 관리 방안을 다음과 같이 6가지로 제안하고 있다.

첫 번째는 조사에 대한 이해를 증진시키는 전략이다. 조사의 목적, 중요성, 가치를 조사원과 조사 대상자, 지역사회와 공유하여 이해 당사자들 간의 협력을 이끌어 내는 것이다.

두 번째는 조사자료를 수집하고 기록하는 것과 관련된 전략이다. 특히 조사원의 조사 과정에 대한 기록은 조사 과정을 관리 감독하고 조사원의 성과를 관리하여 조사의 질을 관리하는 데 필수적이다.

세 번째는 조사원 훈련과 지원이다. 네 번째는 조사원을 어떻게 선발하여 운영할 것인가와 관련된 전략이다. 조사 대상자의 참여와 조사의 질은 조사원에 의해 크게 좌우되기 때문이다.

다섯 번째는 조사 대상자의 응답을 이끌어 내는 전략과 관련되어 있다.

조사 대상자에 대한 연락 정보, 조사 대상자의 일정을 배려하는 조사 일시 선정, 여러 번 방문을 시도하는 것 등이 조사 참여를 독려하는 데 도움이 된다.

마지막으로는 응답자의 특성에 맞게 조사에 참여할 수 있도록 하는 것이다.

이러한 6가지 전략은 최종적으로는 조사 대상자의 참여를 극대화하여 응답률을 높이고, 조사 대상자의 이탈을 최소화하는 방안이다. 조사원 교육과 조사원 관리 또한 궁극적으로는 조사 지역과 조사 대상자의 협력을 이끌어 내어 조사 참여를 극대화하고자 함이다.

외국의 경우 패널조사의 역사가 길어 패널조사의 질 개선과 관련하여 광범위한 연구가 축적되어 왔다. 패널조사 과정과 관리에 초점을 둔 연구(예: Coen, Patrick & Shern, 1996). 패널조사 데이터의 품질(예: 표본대표성, 표본이탈 최소화 등)에 대한 연구(Fitzgerald, Gottschalk & Moffitt, 1998)에 이르기까지 다양하게 진행되어 왔다. 본 절에서는 주로 조사 대상자 관리와 조사 방법, 이용자 활용도를 중심으로 해외의 패널조사 관련 연구와 경향을 파악하고자 한다.

제1절 패널조사 방법의 해외 동향과 함의

외국의 패널조사 방법은 1990년대 후반에 기존의 종이 설문지 방식(PAPI: paper and pencil interviewing)에서 휴대용 컴퓨터를 활용한 조사 방식으로 전환되었다. 컴퓨터를 기반으로 하는 조사 방식은 기존 종이 설문 조사 방식에 비해 응답의 정확성과 조사 시간 단축으로 인한 효율성 측면에서 장점이 있다. 컴퓨터 기반 조사 방식은 조사와 동시에 응답 자료가 데이터베이스화되고, 입력 중의 응답 오류를 자동적으로 검출할 수 있도록 만들었기 때문이다. 이와 같은 이유로 해외의 많은 패널조사에서는 1990년대 이후 점진적으로 컴퓨터 기반 조사 방식을 확대 적용하게 되었다.

미국의 소득패널조사(Panel Study Income Dynamics: 이하 PSID)는 1993년 이후부터 컴퓨터를 기반으로 하는 일명 CATI(computer-assisted telephone interview: 이하 CATI) 방식을 도입하였다(Kim & Stafford, 2000, p. 11). 영국의 가구패널조사(British Household Panel Study: 이하 BHPS[2])는 1999년 이후부터 CAPI(computer-assisted personal interviewing: 이하 CAPI) 방식을 도입하였고, 캐나다의 노동과 소득패널조사(Survey Labor and Income Dynamics: 이하 SLID[3])는 2001년부터 CATI 방식을 도입하였다. 한국복지패널의 경우에도 2011년 조사부터 컴퓨터 기반의 조사 방식을 활용하고 있다.

그러나 최근 해외 경향은 CAPI와 CATI에서 웹(Web) 인터뷰로 전환하는 방법을 모색하고 있다. 웹상에서 인터뷰를 하게 될 경우, 기존의 조사 방식(CATI, CAPI 등)에 비해 대면조사를 하지 않아도 되어 비용 측면에서 큰 장점이 있다(Bianchi, Biffignandi and Lynn, 2017; McGonagle, Freedman, Griffin & Dascola, 2017). 웹 방식은 응답

2) 2017년 현재 BHPS는 2009년부터 Understanding Society(이하 UI) 조사의 일부로 통합되었다. UI 조사는 다양한 샘플(예: Innovation panel, Main survey 등)로 구성되어 있는데, 그중 Main Survey의 일부가 BHPS 표본을 대상으로 조사되고 있다(Institute for Social and Economic Research, 2017a).

3) 2013년 이후부터 SLID는 소득조사(Canadian Income Survey: 이하 CIS)로 전환되었다(Statistics Canada, 2013). 캐나다 소득조사(Canadian Income Survey)는 개인과 가구의 노동과 소득 관련 횡단조사이다. 2013년 이후부터 매년 조사를 실시하고, 국세청의 세금 관련 행정자료를 통해 소득 관련 정보를 확보하고 있다(Statistics Canada, 2017a).

자가 직접 응답하도록 설계되므로 면접원이 필요하지 않고, 응답자가 면접원의 방문이나 전화를 받을 필요 없는 자기 기입 방법으로 설계되기 때문이다. 웹 조사 방식 역시 응답자가 온라인에서 직접 응답하면, 바로 컴퓨터에 데이터베이스화된다는 점에서 기존의 소형 컴퓨터를 활용한 조사 방식과 유사한 측면이 있다.

면접원은 응답자의 조력자가 될 수 있어서 응답의 타당도와 응답률을 높일 수 있는 방법으로 활용될 수 있다(McGonagle et al., 2017). 기존의 대면조사는 응답자가 이해하지 못한 질문들에 대해 부가적인 설명을 제공할 수 있다. 같은 상황이라면 웹에서 응답할 경우에는 그러한 조력자가 없다. 따라서 기존의 방식에서 웹 방식으로 전환할 경우, 응답률과 데이터의 품질은 중요한 이슈이다.

미국 PSID의 경우에는 기존의 CATI 방식을 웹 인터뷰 방식으로 단계적으로 전환하기 위한 실험을 진행하고 있다. 현재까지 진행된 실험 결과에 따르면 웹 방식으로의 전환은 긍정적이라고 평가할 수 있다. 두 차례의 실험 결과, 기존의 CATI 방식에 비해 웹 방식이 비용 측면에서 우위에 있으며, 데이터의 질 측면에서는 크게 차이가 나지 않는 것으로 나타났다(McGonagle et al., 2017). 영국의 가구패널조사(UK Household Longitudinal Study)의 경우에도 대면조사만 한 경우와 대면조사와 웹 방식을 혼합했을 경우를 실험한 결과, 미국의 PSID와 유사한 결과를 얻었다. 비용은 대면조사에 비해 적게 들고, 응답률은 차이가 없는 것으로 나타났다(Bianchi, Biffignandi & Lynn, 2017, p. 404).

기존 전화 인터뷰의 경우 비응답자 추적조사를 위해 여러 차례 전화를 하여 응답자의 응답을 유도하는 방식을 통해 응답률을 높이는 전략을 사용한다. 웹 방식은 조사에 참여하도록 다시 한 번 문자메시지나, 이메일 등을 통해 공지하는 전략을 사용하지만 기존 CATI에 비해 재공지 횟수는 낮다. PSID의 웹 조사의 경우, 응답자가 일단 로그인하게 되면, 80%의 응답자가 재공지 없이 또는 한 번 정도 재공지 후에 설문을 완성한 것으로 나타났다(McGonagle et al., 2017, p. 18). 이를 전화한 횟수로 환산하면 약 2만 6,000번 정도의 전화 횟수를 절약한 것이다(McGonagle et al., 2017, p. 18). 그러나 웹 방식은 인터넷 사용이 가능한 계층에게만 적용할 수 있다는 우려가 있다. 미국의 경우, 연령과 인종(예: 노인과 비히스패닉 흑인의 웹 접근성이 낮음)에 따라 인터넷 접근 가능성이 다르기 때문에, 특정 계층의 웹 서베이 응답률은 낮다고 보고하고 있다(De Leeuw & Hox, 2011; 성재민, 2017).

한편 응답자의 부담(예: 응답하는 데 걸리는 시간)은 웹 방식이 기존의 CATI에 비해 약간 높은 것으로 나타났다. 이는 소득과 같은 항목에 응답하기 위해 관련 자료를 찾는 데 추가적인 시간을 사용하기 때문이다. 그러나 응답자들이 인식하는 부담은 기존 방식에 비해 웹 방식이 더 낮은 것으로 나타났다(McGonagle et al., 2017, p. 18).

데이터의 질과 관련된 평가에서도 긍정적인 결과를 보이고 있다. 특히 부채와 자산 항목에서 기존 방식과 웹 방식 간에 데이터의 질에서 차이가 없는 것으로 나타났다(McGonagle et al., 2017, p. 19). 개인에게 민감한 질문의 경우, 예를 들면 스트레스와 같은 정서적인 부분에 대한 항목의 응답에서 웹 방식(특히 자기 기입식 방식)은 더 높은 점수가 나오는 것으로 나타났다. 이는 조사원에게 응답하는 방식보다는 자신이 직접 응답하는 방식이 민감한 질문에 더 정직하게 응답할 가능성이 있고(Cernat et al., 2016; McGonagle et al., 2017, p. 13에서 재인용), 사회적으로 바람직한 방향으로 응답하려는 성향을 줄일 수 있는 장점이 있다(de Leeuw & Hox, 2011; 성재민, 2017에서 재인용). 따라서 민감한 질문은 웹 기반 조사 방식이 더 적합하다고 할 수 있다. 이 외에도 웹 기반 조사 방식은 조사 도구를 확장할 수 있다는 장점이 있다. 그림과 동영상 등 미디어를 활용한 조사 방식이 활용 예라고 할 수 있다(de Leeuw & Hox, 2011; 성재민, 2017, p. 2에서 재인용).

장기적인 관점에서 한국복지패널조사 또한 웹 기반 조사 방식으로 전환할 가능성이 있다. 웹 방식으로의 전환은 조사 비용을 낮추는 효과와 민감한 질문의 응답률과 응답의 정직성을 높일 수 있다는 장점이 있다. 그러나 면접원을 활용하지 못할 경우, 특정 항목이나 특정 대상의 응답률과 응답의 정확성은 낮아질 가능성이 있다.

한국복지패널조사의 설문은 소득과 자산에서 다양한 하위 항목으로 구성되어 있고 조사 응답 시간이 약 2시간 정도로 응답자의 부담이 높은 편이다[4]. 관련 항목의 응답률과 조사의 정확성은 면접원의 능력에 의지하는 경우가 있기 때문이다. 한국복지패널 표본 또한 취약계층을 과대 표집했기 때문에 조사 대상자 중에서 웹 접근성이 낮은 집단이 상당 부분 포함되어 있을 가능성이 있다. 노인 인구와 장애인의 경우에는 웹에 대한 접근성이 타 인구집단에 비해 낮을 가능성이 있다. 그 결과 응답자의 응답률이 특정 인구집단에 편향될 가능성이 존재한다. 따라서 모든 대상에게 웹 기반 조사를 적용하기보다는 특정 대상에게만 적용하고 노인과 장애인의 경우에는 대면조사 방식을 유지하는 방법을 고려해 볼 수 있다.

이와는 반대로, 대면 접촉이 어려운 사례가 있다. 외부 활동이 활발한 집단의 경우 대면조사를 위한 면접 일정을 확보하기 어려울 수 있다. 이러한 경우에는 대면조사 방식보다는 웹 서베이 방식이 응답률을 높이는 대안으로 사용될 수 있다(De Leeuw & Hox, 2011; 성재민, 2017, p. 3

4) 응답에 걸리는 시간과 응답 부담에 대한 정보는 한국복지패널조사 면접원 모니터링 과정에서 나온 의견임. 한국복지패널조사 전체 설문을 완성하는 데 소요되는 시간은 2시간 정도로 보고되며, 가구원이 많거나 기초수급 가구인 경우(기초수급 관련 문항에 응답해야 함) 이보다 더 긴 시간이 소요된다고 보고됨.

에서 재인용). 조사를 거절하는 가구의 경우에도 웹 서베이를 적용하는 방식이 효과적이고 효율적일 수 있다. 네덜란드 킨십 패널(the Netherlands Kinship Panel Study)과 스위스 가구패널 조사의 경우 조사 거절 가구에 웹서베이를 요청하여 응답률을 높인 사례가 있다(성재민, 2017, pp. 22-23)

다른 한편으로는 응답자의 조사 설문 문항에 대한 이해도가 큰 문제가 되지 않을 수 있다. 한국복지패널은 이미 10년 이상 진행되어 새로 설계해야 하는 패널이 아니기 때문에 기존 조사 대상자의 경우에는 설문에 대한 이해도가 높을 수 있다. 따라서 웹 기반 조사 방식으로 전환하고 면접원을 활용할 수 없을 경우, 예상되는 문제점이 크지 않을 수 있다. 만약 문제가 발생할 가능성이 있다면 특정 인구집단의 경우에만 면접원을 활용하는 것도 한 방법이다.

웹 기반으로 전환을 고려할 때, 대상자 특성과 설문의 특성을 고려하고, 패널조사의 비용과 응답률, 조사의 정확성을 기준으로 다양한 실험을 단계적으로 추진하여 계획하는 것이 바람직하다. 모든 대상자에게 웹 조사 방식만을 적용하기보다는 대상자 특성과 설문 특성에 따라 대면조사와 웹 조사 방식을 혼합하는 방식으로 점진적인 실험을 하는 것이 보다 적합할 수 있다(성재민, 2017). 한국복지패널 단독으로 실험이 어렵다면, 다른 패널과 연계하여 다양한 실험을 하고 결과를 공유하는 것도 한 방법이다.

제2절 표본 관리와 표본이탈 대응

1. 조사 참여 보상 방식

패널조사는 특성상 시간이 지날수록 조사에 참여하는 대상자가 줄어든다. 따라서 패널조사 참여 규모를 어느 정도 확보하고, 참여율을 지속적으로 유지하는 전략이 중요하다. 조사 대상자의 참여를 높이는 방법 중에서 가장 많이 활용하는 방법 중 하나는 조사 참여에 따른 대가를 지급하는 방법이다(Casiglioni, 2008; Tourangeau & Ye, 2009). 조사 참여에 대한 대가 지불은 조사 대상자의 참여율을 높이기 때문이다(Casiglioni, 2008; Martin & Winters, 2001).

해외 패널 대부분이 조사에 참여하는 대가로 현금이나 바우처를 지급한다. 미국 PSID의 경우 조사 참여 요청 편지에 $5를 동봉한다. 일반적으로 조사가 완료되면 더 높은 보상을 지불하는데, PSID는 $20 수표를 지급하고 있다(Freedman, 2017, p. 7). 영국의 BHPS의 경우에는 조사에 참여하는 대가로 상품권과 현금을 함께 사용한다. 참여를 요청할 때는 5파운드의 상품권을 지급하고, 완료 후 5파운드의 현금(청소년의 경우)과 10파운드 상품권(성인의 경우)을 지급한다(Institute for Social and Economic Research, 2017b).

보상 제공 방식은 조사 참여 방식에 따라 다를 수 있다(Castiglioni, 2008). 우편조사의 경우, 사전보상, 즉 조사 참여와는 무관하게 무조건적인 보상을 제공하는 방식이 효과적이다(Castiglioni, 2008, p. 151). 반면 대면조사의 경우에는 참여한 경우에만 보상을 제공하는 조건부 보상이 무조건적 보상에 비해 이후 패널조사 대상자로 유지하는 데 더 효과적인 것으로 나타났다(Castiglioni, 2008, p. 155). 해외 패널은(예: BHPS

와 PSID 등) 조사 요청 편지를 우편으로 보내고, 편지 안에 조사 참여 여부와 관계없이 보상을 지급한다. 이후 대면조사나 전화조사 완료 후에는 더 높은 수준의 참여 및 완료 보상을 지불하는 방식을 채택하고 있다.

조사 참여 요청 방식 또한 조사 대상자의 참여율과 참여의 지속성에 영향을 미친다(Tourangeau & Ye, 2009). 조사 참여를 요청할 때 '(이후) 조사에 참여하지 않았을 때 부정적인 결과를 강조하는 방식'이 '참여에 따른 긍정적인 보상 방식'에 비해 더 효과적인 것으로 나타났다. 예를 들면, "조사에 참여하지 않으면 보상을 받을 수 없다"라는 접근이 "조사에 참여하면 보상을 받을 수 있다"라는 접근보다 효과적이다. 이는 이득과 손실에서 동일한 금액의 경우, 손실을 더 크게 고려하는 Kahneman과 Tversky의 기대이론(prospect theory)의 시사점을 활용한 방식이다(Tourangeau & Ye, 2009, p. 346).

2. 응답 부담 경감 노력

패널조사의 응답률은 응답자의 응답 부담과도 관계가 있다. 이전 패널조사에서 응답과 관련된 부담이 높을수록 조사 참여를 중단할 의향이 높게 나타났으며, 이들은 이후 높은 표본이탈률을 보인다. 특히 응답 부담에 대한 불만을 표시한 집단은 금전적 인센티브 차이에 영향을 받지 않았다(Martin & Winters, 2001, p. 280). 이는 금전적 보상과는 별개로 조사 설문의 효과적인 구성을 통해 응답에 대한 부담을 덜어주어, 응답률을 높일 필요성이 있음을 시사한다.

캐나다의 SLID의 경우에는 응답자의 부담을 덜어주기 위해 소득과 같은 항목은 인터뷰를 하지 않고, 2000년대 후반부터 행정자료를 활용하기 시작했다. 조사 대상 참여자는 국세청의 관련 자료를 활용하는 데 동의하면 된다. 국세청의 세금 관련 자료(Canada Revenue Agency tax records) 활용에 동의하지 않을 경우에는 인터뷰를 선택할 수도 있다. 그러나 특정 패널(2009년 SLID)의 경우에는 국세청 자료와 연동되어 관련 정보가 제공된다. 따라서 국세청 세금 관련 정보 활용 동의를 하지 않는 경우에도 소득 관련 인터뷰를 하지 않는다(Statistics Canada, 2011, p. 6). 행정 정보의 활용은 응답자의 부담을 덜어줄 뿐만 아니라, 관련 정보의 정확성을 높이는 방법으로도 활용된다. 이 외에도 캐나다의 SLID는 패널이 조사되는 해의 소득조사 결과를 같은 해의 다른 소득자료(예를 들면, Canadian Income Survey)와 비교한다. 이러한 연구를 통해 소득의 횡단적 대표성을 검증하여 소득조사의 정확성을 증진하는 노력을 하고 있다(Statistics Canada, 2013).

3. 표본이탈 분석과 대응

패널자료는 특성상 조사 대상자의 참여 규모를 늘리는 방안 이외에도 표본의 이탈을 최소화하는 것이 매우 중요하다. 표본이탈은 표본의 대표성을 위협할 가능성과 추정치의 편이(bias)를 발생시키는 주요 요인 중 하나이기 때문이다. 그러나 모든 표본이탈이 표본의 대표성과 추정치의 편의를 발생시키는 것은 아니다. 조사 대상에서 어떤 특성을 가진 집단이 표본에서 이탈했는지에 따라 달라지기 때문이다.

표본이탈은 다음과 같이 세 가지 유형으로 분류된다(Little & Rubin, 2002). 첫 번째는 표본이탈이 완전히 비체계적으로 발생한 경우이다(Missing Completely at Random: 이하, MCAR). 표본이탈자의 특성이 온전히 무작위적이다. 따라서 MCAR의 경우에는 표본이탈이 추정하고자 하는 주요 변인에 영향을 전혀 미치지 않는다.

두 번째는 표본이탈이 완전히 무작위적으로 발생하지는 않는 경우이다. 표본이탈자의 특성을 관측한 변수만으로 예측할 수 있는 경우이다(Missing at Random: 이하 MAR). 가중치 조정이나, 다중 대체(Multiple Imputation) 등의 방법으로 보정이 가능하며, 표본이탈로 인한 추정치의 편의는 크게 문제가 되지 않는다.

그러나 표본이탈이 관측하지 않은 변인과 체계적으로 관계가 있을 경우(Missing not at random: 이하 MNAR)에는 추정치의 편의가 발생한다. 따라서 표본이탈은 연구 목적에 따라, 어느 변인을 사용하느냐에 따라, 이탈의 유형에 따라 심각한 문제가 발생하거나 발생하지 않을 수 있다.

표본이탈 자체보다는 표본에서 이탈한 개인 또는 가구는 누구인가, 어떠한 특성을 지니고 있는가 등을 살펴보는 것이 표본이탈의 문제점을 파악하고 이를 해결하기 위한 선결 과제이다. 따라서 해외 패널조사의 경우 누가 표본에서 이탈하는지, 어떠한 특성을 가진 표본이 이탈하는지, 이들의 이탈을 방지하기 위한 전략은 무엇인지 등에 대한 연구가 패널자료의 질과 관련된 연구의 중요한 부분을 차지한다.

캐나다의 경우 SLID를 포함한 대부분의 패널조사는 표본이탈자 및 무응답자의 특성과 관련 영향을 분석하고 있다. SLID의 경우에는 표본이탈/무응답자의 고용과 임금 특성에 초점을 두고 분석하였다. 분석 결과, 표본이탈/무응답은 무작위로 이루어지지 않았으며, 노동시장 참여가 낮고 소득이 낮을수록 표본이탈/무응답 집단에 속할 가능성이 높게 나타났다(Boudarbat & Grenon, 2007). 저소득층과 노동 참여가 낮은 집단이 표본에서 이탈함으로써 임금추정치는 다소 상향되어 추정되는 편이를 보이는 것으로 분석되었다.

Watson(2003)은 유럽사회가구패널조사(European Community

Household Panel: 이하 ECHP)를 이용하여 빈곤과 사회적 배제와 관련된 표본이탈 문제를 다섯 차례나 분석하였다. 분석 결과, 초기 조사에서 개인 인터뷰를 거부하는 등 참여에 소극적인 집단과 이사 등으로 거주지 이동이 빈번한 집단의 표본이탈률이 높게 나타났다. 또한 국가마다 소득계층별로 표본이탈률에 차이가 있었다. 남유럽 국가와 아일랜드의 경우에는 고소득층이, 나머지 국가에서는 저소득층의 표본이탈률이 높았다. 그러나 이러한 표본이탈이 빈곤율과 5분위 배율(80/20) 등 소득분배 추정치의 편이에 미치는 영향은 매우 낮은 것으로 평가했다.

한편 동일한 유럽사회가구패널조사(ECHP)를 이용한 표본이탈 문제를 다룬 또 다른 연구(Vandecasteele & Debels, 2007)에서는 사회계급(social class)과 교육수준이 표본이탈 편이와 관련이 있는 것으로 나타났다. 특히 북유럽 국가의 경우 낮은 소득계층이 표본에서 이탈될 확률이 높은 반면, 남유럽과 아일랜드에서는 그 반대의 현상인 고소득 계층에서 표본이탈 확률이 높게 나타났다. 이는 앞서 살펴보았던 Watson(2003)의 분석 결과와 유사한 것이다. 전반적으로 실업집단과 비경제활동집단이 높은 수준의 표본이탈률을 보였다(Vandecasteele & Debels, 2007).

Behr 등(2005)도 유럽사회가구패널조사(ECHP) 자료를 이용하여 표본이탈의 정도가 어떠한지, 어떤 집단이 표본에서 이탈하는지를 검토하였다. 분석 결과, 표본이탈은 국가 간 편차가 심한 것으로 나타났다. 일부 국가에서는 50% 가까운 표본이탈을 보였다(Behr et al., 2005, p. 503). 다양한 요인 중에서 조사 응답률은 조사 시점 간 가구의 이동(예: 결혼, 이혼, 직장이동 등의 이유로 표본이탈)과 긴밀한 관련성을 맺었다. 또한 조사자(interviewer)의 변동과도 관련이 있었다. 그러나 이러한 표본이탈률의 국가 간, 조사 기간 간의 차이에도 불구하고 소득수준의 추정치와 각국의 소득 랭킹은 큰 영향을 받지 않는 것으로 나타났다(Behr et al.,

2005, p. 503).

표본이탈이 무작위적으로 발생하거나(MACR), 관측된 자료 내에서 표본이탈의 특성을 예측할 수 있는 경우(MAR)에는 문제가 되지 않거나 적어도 해결할 수 있다. 그러나 표본이탈이 특정 특성을 가진 가구나 개인에게서 체계적으로 발생한다면, 이로 인한 편의를 조정해 주어야 한다. 표본이탈의 편이를 조정하기 위한 가장 대표적인 방법 중 하나는 가중치 조정을 통해 보정하는 것이다.

Vandecasteele와 Debels(2007)는 ECHP에서 제공하는 가중치를 활용하여 표본이탈 문제를 조정한 결과, 가중치는 이러한 편이를 특정 측면에서 감소시킨 반면, 다른 측면에서는 오히려 증가시킨 결과를 낳았다고 밝히고 있다. ECHP 가중치가 계층, 교육 등의 변수만을 고려하고 있기 때문이다. 조사 과정, 응답자의 이전 조사 경험 등 조사와 관련된 요인이 표본이탈에 영향을 미칠 수 있으나 가중치 변수를 만드는 데 이러한 요인을 고려하지 않았다는 것이다(Vandecasteele & Debels, 2007, p. 94). 따라서 표본이탈에 영향을 미치는 조사 관련 변수를 포함한 종단가중치를 개발하여 적용함으로써, 표본이탈에 따른 편이 문제를 부분적으로만 해결할 수 있다(Vandecasteele & Debels, 2007).

Satherley 등(2015)은 '뉴질랜드 태도와 가치 연구'(New Zealand Attitudes and Values Study)에서 패널조사 응답자의 유형을 1) 응답중단(explicit withdrawls), 2) 응답자 연락 불가(lost respondents), 3) 간헐적 응답자(intermittent respondents), 4) 계속 응답자(constant respondents) 등 4가지 유형으로 구분하였다. 응답자의 인구학적 특성과 사회적 특성이 응답 유형과 관련을 맺는지를 탐색했다. 분석 결과, 인구학적 특성과 관련하여 남성, 마오리, 아시안 응답자의 경우 지속적으로 응답할 확률이 낮게 나타났다. 성격 특성과 관련하여 6가지 성격 유형 중에서 양심적, 정직-겸손 유형일수록 지속적으로 응답할 확률이 높게 나타났다. 전반적으로 사회심리학적 특성이 인구학적 속성에 비해 표본유지율과 더 높은 관련성을 맺었다(Satherley et al., 2015, pp. 15-16). 이는 기존의 인구학적 속성을 넘어서 사회심리학적 특성을 고려하는 것이 표본유지율의 변이를 설명하는 데 효과적임을 시사한다.

해외 패널조사는 패널이탈 집단에 대한 분석과 가중치 조정을 통해 표본이탈 문제를 보정하고 있다. 이 방식은 이전 조사 시점에 참여했던 대상자들의 특성을 담은 변수들을 활용하여 가중치를 수정하는 방식이다. 이전 조사에서의 표본이탈자의 특성이 이후 조사에서의 참여에 영향을 미칠 가능성이 있기 때문이다. 그러나 이러한 분석적 방식은 두 시점 사이에 특별한 사건의 발생(예: 이사, 실업)에 따른 조사 참여 거부 또는 대상자 추적 불가 문제를 해결하는 데 여전히 한계가 있다(Trappmann et al., 2015, p. 42). 그 결과, 가중치 조정 등을 통해서도 특정 사건의 발생에 따른 표본이탈 문제는 해결되지 못한 채 남아 있다.

이에 대한 해법 중의 하나로 제시된 것이 패널조사를 '행정자료'와 결합하는 것이다(Trappmann et al., 2015, p. 42). 이는 노동시장, 실업과 관련된 패널 연구에서 유용한 방식이다. 조사 대상자의 노동시장 정보를 담은 행정자료를 패널조사 자료와 연계함으로써, 표본이탈 집단에게 어떠한 변화가 발생하였는지에 관한 정보를 보완할 수 있다. 행정자료에 나타난 가족 구조 변동, 고용 상태, 구직급여 수급(액) 등의 정보를 활용하여 이러한 특성이 패널조사 참여 또는 표본이탈과 어떠한 관련성을 맺는지를 탐색하는 것이다(Trappmann et al., 2015, p. 40).

행정자료와 결합하여 분석한 결과, 상당수의 표본이탈은 이사로 인해 후속 조사에서 참여율이 낮은 데서 비롯되었다(Trappmann et al., 2015, p. 40). 이러한 특별한 사건의 발생은 아무리 종단가중치의 조정 등을 통해서도 표본이탈 문제를 완벽하게 해결하기에는 한계가 있다는 점을 시사한다.

조사원의 특성도 조사 대상자의 이탈을 감소시키는 데 중요한 역할을 한다(Lynn et al., 2014). 동일한 조사원을 활용하는 것이 표본유지율을 높이는 데 기여한다. 그러나 동일한 조사자를 활용하는 것은 젊은 조사 대상자에게는 응답거부율을 감소시키는 데 효과가 있으나, 나이 든 조사 대상자에게는 효과가 없었다(Lynn et al., 2014, p. 454). 영국 BHPS의 경우, '가급적 동일한 지역에 동일한 면접원이 조사하도록 하여, 그 결과 1~13차까지의 조사 기간 동안 약 5분의 1의 면접원이 한 차수도 빠지지 않고 유지'(김영원 등, 2006, p. 5)하도록 하기도 한다.

최근 해외 패널은 조사 대상자의 참여를 극대화하고, 무응답이나 표본이탈을 줄이기 위해, 행정자료를 패널과 연계하는 방식을 점진적으로 확대하고 있다. 한국복지패널 또한 행정자료와 연계할 수 있는 방법을 고려할 필요가 있다. 예를 들면, 국세청의 소득자료나 사회보장정보원의 복지수급과 관련된 정보와 연결할 수 있다. 한국복지패널과 행정자료와의 결합은 비용을 줄일 수 있고, 응답자의 부담을 덜어주어 응답률을 높일 수 있으며, 응답의 신뢰도를 확보할 수 있는 다양한 장점이 있을 것으로 기대한다.

제3절 자료 활용도 제고 노력

패널자료의 품질 개선과 관련하여 패널조사팀이 조사 과정을 관리하는 것 외에도, 외부 연구자에게 자료를 개방하여 활용도를 높이는 것이 중요하다. 외부 연구자의 조사자료 활용은 조사자료의 타당도나 신뢰도를 검증하는 중요한 방법 중 하나가 되기 때문이다.

미국 PSID의 경우, 데이터 사용자 포럼을 운영한다. 포럼을 통해 연구 결과를 공유하며, 관련 연구에 대한 피드백을 얻을 수 있도록 하고 있다. 포럼 운영은 한 달에 한 번씩 개최되며 모든 관심 있는 사람에게 공개하고 있다(Institute for Social Research, 2017c).

이 외에도 PSID 활용을 위한 워크숍을 개최하기도 한다. 워크숍 개최는 미시간 대학의 사회조사연구소(Institute for Social Research)에서 개최하거나, 다른 학술대회에서 워크숍을 개최하기도 하여, 일 년에 4~5회 정도 PSID 관련 워크숍을 개최한다(Institute for Social Research, 2017c).

미국과 달리 캐나다는 SLID(현재 CIS)만을 위한 워크숍을 제공하지는 않는다. 대신에 패널조사 방법과 패널 데이터 분석 방법 전반에 대한 워크숍을 제공하고 있다(Statistics Canada, 2017b). 영국 BHPS는 데이터에 대한 워크숍 제공과 패널조사 방법과 패널 데이터 분석 방법에 대한 워크숍을 동시에 제공하고 있다(UK Data Service, 2017).

이 외에도 패널의 질을 높이기 위해 대부분의 해외 패널은 기술보고서(technical report)를 발간하고 이를 웹상에 공개하고 있다. 기술보고서는 표본추출과 가중치 설정에 대한 과정에서부터 다른 패널조사, 횡단적 전국 조사와의 데이터 비교를 통해 횡단적 대표성에 대해 검토하고 있다(Institute for Social Research, 2017c; Statistics Canada, 2013).

현재 한국복지패널은 조사 자료 활용도를 높이기 위해 데이터 설명회와 학술대회를 매해 개최하고 있다. 그러나 학술대회를 통해 한국복지패널조사의 질과 관련한 피드백을 논의하고 있지는 못하다. 한국복지패널조사의 기술적인 고려 사항과 관련한 내용은 데이터 공개와 함께 제공하는 기초보고서에 조사설계에 대한 내용이 일부 제공되고 있다. 조사설계에 대한 정보는 연구자의 관심 변인에 대한 추정치의 편이성(예: 저소득층 과대 표집이 추정치에 미치는 영향)과의 관련성을 일부 유추할 수 있는 정보를 제공하고 있다. 데이터의 질 향상을 위해 데이터에 대한 정기적인 진단을 하고 진단 결과에 대한 기술보고서를 정기적으로 발간하는 것도 고려할 필요가 있다. 또한 한국복지패널조사에 대해 정기적으로 피드백을 받을 수 있는 포럼 운영을 통해 외부 전문가와 함께 데이터를 검증하는 방식도 고려할 만하다.

제 3 장 패널조사의 표본과 가중치

3 패널조사의 표본과 가중치

이 장에서는 한국복지패널의 대표성 확보를 위해 표본과 가중치에 대한 부분을 심층분석하였다. 1절에서는 한국복지패널의 가중치 부여 방법을 기술하고, 이탈가구와 유지가구 특성 차이를 분석하고자 한다. 그리고 복지패널의 가중치 변화를 분석함으로써 어떤 특성에서 가중치가 크게 변화되었는지를 살펴보려 한다. 2절에서는 차수별로 대표성을 검토하고자 다양한 지수를 활용하여 원패널과 신규 패널의 경향을 살펴보고자 한다. 3절에서는 한국복지패널의 중장기적 방향을 제시함으로써 계획적으로 패널을 운영할 수 있도록 한다.

제1절 유지표본과 이탈표본의 변화

1. 한국복지패널 가중치 부여 방법[5)]

한국복지패널은 전체 모집단을 대표하고자 가중치를 부여하고 있다. 지나치게 큰 가중치 값들은 추정량의 분산을 크게 만들어 추정의 정확도에 영향을 미칠 수 있는데 이러한 가중치의 과도한 변동을 줄이고자 극단 가중치 조정도 함께 하고 있다. 가구가중치는 횡단면과 종단면 가중치를 구분하지 않고 단일가중치를 부여하며, 개인가중치만 횡단면과 종단면

5) 해당 부분은 김문길 등(2016)의 제2장 ‘표본 특성 및 가중치 조정’을 한국복지패널의 가중치 생성을 담당하고 있는 원저자 본인이 발췌·요약하여 작성한 것임을 밝힌다.

가중치를 부여한다. 한국복지패널의 가중치는 우선 1차 연도에서 부여된 개인가중치를 이용하여 2차 연도 이후 해당 가구의 개인조사표에 응답한 가구원에 대해 가중치 조정을 수행하고 있다. 1차 연도에서 부여된 각 개인의 가중치는 해당 가구의 가구가중치와 동일하다.

먼저 개인가중치 산정 과정은 t차 연도 종단면 가중치를 기본 가중치로 고려하여 1차 연도 원패널 표본 여부를 헤아려 판정한다. 이때 t차 연도에 원패널 가구에 진입한 신규 가구원은 $t+1$차 연도에서 가구원 평균 가중치를 부여한다. 즉, 1차 연도 패널가구원으로서 군 입대 및 해외여행 등으로 조사 당시 응답하지 않았던 가구원에 대해서는 가구의 평균 가중치를 부여하고, 결혼 등의 사유로 원패널 가구에 진입한 가구원은 가구 평균 가중치를 부여한다. $t+1$차 연도에 원패널 가구로부터 분가한 가구원의 경우 원래의 가구원 가중치를 부여받지만, 분가한 후 결혼 등의 사유로 신규로 진입한 신규 가구의 신규 가구원은 0의 가중치를 부여하고 있다. t차 연도 탈락 가구원이 $t+1$차 연도에 재진입한 경우 t차 연도의 평균 가중치를 부여한다.

2차 이후 원가구에 신규로 진입한 가구원은 가구원의 평균 가중치를 부여하고, 신규 출생 아동은 가구원+1의 평균 가중치를 적용한다. 개인 종단면 가중치는 1단계로 로지스틱회귀를 이용하여 응답 확률을 추정하고, 2단계에서는 앞에서 언급한 개인별 변동 상황에 따라 가중치를 조정한 다음, 마지막으로 3단계에서는 지역 및 응답자의 인구학적 특성에 따라 인구 추계 값을 이용하여 사후 조정을 실시한다. 한편 개인 횡단면 가중치는 t차 연도 종단면 가중치를 기본 가중치로 하여 1단계에서 $t+1$차 연도 응답자들의 응답 확률을 추정하고, 2단계에서는 t차 연도 종단면 가중치 값이 0인 가중치에 대해 가구별 평균 가중치를 적용하고, 3단계에서는 지역 및 인구학적 특성에 따라 추계인구수에 따라 사후 조정한다.

2. 한국복지패널의 차수별 현황

가. 가구 패널

〈표 3-1〉 웨이브별 조사 응답 원패널 가구의 규모

변수	웨이브	2차 wave	3차 wave	4차 wave	5차 wave	6차 wave	7차 wave	8차 wave	9차 wave	10차 wave	11차 wave
전체		7,072	6,511	6,128	5,935	5,675	5,336	5,271	5,104	4,896	4,760
지역	1	1,335	1,182	1,070	990	922	850	844	791	762	731
	2	1,569	1,403	1,312	1,279	1,215	1,144	1,124	1,097	1,035	1,011
	3	1,219	1,143	1,067	1,045	987	908	904	868	846	816
	4	915	856	812	790	758	715	702	676	651	639
	5	529	499	490	462	477	455	448	403	380	367
	6	456	429	410	400	390	375	371	367	352	347
	7	1,049	999	967	969	926	889	878	902	870	849
가구주 성별	남	5,351	4,872	4,539	4,353	4,113	3,817	3,761	3,630	3,441	3,302
	여	1,721	1,639	1,589	1,582	1,562	1,519	1,510	1,474	1,455	1,458
가구원수	1인	1,521	1,418	1,363	1,337	1,324	1,304	1,316	1,298	1,289	1,294
	2인	2,095	1,914	1,809	1,760	1,693	1,594	1,597	1,557	1,510	1,476
	3인	1,357	1,249	1,156	1,085	1,011	930	901	860	812	764
	4인	1,555	1,409	1,303	1,261	1,183	1,078	1,033	998	918	867
	5인 이상	544	521	497	492	464	430	424	391	367	359
가구주 교육수준	초졸 이하	2,350	2,262	2,200	2,138	2,067	1,953	1,915	1,831	1,748	1,691
	중졸 이하	876	814	797	785	758	718	712	695	677	658
	고졸 이하	2,168	1,936	1,790	1,728	1,635	1,536	1,518	1,482	1,413	1,377
	대졸 이상	1,678	1,499	1,341	1,284	1,215	1,129	1,126	1,096	1,058	1,034
가구주 연령대	20대 이하	336	235	152	107	73	43	29	19	6	7
	30대	1,352	1,143	998	901	758	616	497	406	331	244
	40대	1,466	1,316	1,211	1,173	1,110	1,025	1,028	978	902	876
	50대	1,102	1,027	957	948	958	969	1,010	995	975	946
	60대	1,502	1,388	1,307	1,217	1,134	1,023	972	912	870	854
	70대 이상	1,314	1,402	1,503	1,589	1,642	1,660	1,735	1,794	1,812	1,833

주: 1) 지역 1=서울, 2=경기/인천, 3=부산/울산/경남, 4=대구/경북, 5=대전/충남, 6=충북/강원, 7=광주/전남/전북/제주

2) 원패널 가구는 1차 웨이브(2006)에서 패널 가구로 구축된 가구를 말함.

가구 패널에 대한 분석에서는 1차 웨이브를 기준으로 원패널 가구에 대해 무응답이 발생한 2~11차 웨이브의 자료를 이용하며, 관심변수는 y는 가구소득(경상소득)이며, 보조변수로서는 가구의 일반적 특성인 지역(7개 권역), 가구주 성별(2개 범주), 가구원 수(5개 범주), 가구주 교육수준(4개 범주), 가구주 연령대(6개 범주)를 고려하였다.

1차 웨이브에서 구축이 완료된 원가구(7072)를 중심으로 각 웨이브에서 원가구의 응답률을 산정하였으며, 웨이브별 원가구에 부여된 횡단면 표준 가중치를 분석에 활용하였다.

〈표 3-1〉과 〈표 3-2〉에서 볼 수 있듯이 1차 웨이브에서 구축된 원패널 가구인 7,072가구가 웨이브가 지속될수록 패널에서 탈락하고 있으며, 5차 웨이브 까지 80%를 유지하다가 9차 웨이브에서 69%인 4,896가구로 떨어지고 있으며, 최종적으로 11차 웨이브에서는 4,560가구인 64%를 유지하고 있다. 부차그룹에 대한 응답률을 살펴보면 지역별로는 서울 지역(=1)의 응답률이 4차 웨이브 이후 60%대로 떨어지며, 8차 웨이브에서는 50%대로 떨어져 다른 지역에 비해 상대적으로 응답률이 빠르게 낮아지고 있다. 반면에 응답률이 가장 높은 지역은 호남권역(=7)으로 11차 웨이브에서 80%의 응답률을 나타내고 있다. 가구주 성별에 대해서는 남성 가구주 가구의 응답률이 상대적으로 여성 가구주 가구의 응답률에 비해 낮게 나타나고 있으며, 가구원 수에 대해서는 1인 가구의 응답률이 가장 높게 나타나고 있으며 상대적으로 3인 가구의 응답률이 빠른 속도로 낮아지고 있는 것으로 보이며, 11차 웨이브를 기준으로 비교할 때 4인 가구의 응답률이 5인 이상 가구의 응답률에 비해 낮게 나타났다.

〈표 3-2〉 웨이브별 원패널 가구의 조사응답률

변수	웨이브	2차 wave	3차 wave	4차 wave	5차 wave	6차 wave	7차 wave	8차 wave	9차 wave	10차 wave	11차 wave
전체		0.92	0.87	0.84	0.80	0.75	0.75	0.72	0.69	0.67	0.64
지역	1	0.89	0.80	0.74	0.69	0.64	0.63	0.59	0.57	0.55	0.51
	2	0.89	0.84	0.82	0.77	0.73	0.72	0.70	0.66	0.64	0.62
	3	0.94	0.88	0.86	0.81	0.74	0.74	0.71	0.69	0.67	0.64
	4	0.94	0.89	0.86	0.83	0.78	0.77	0.74	0.71	0.70	0.68
	5	0.94	0.93	0.87	0.90	0.86	0.85	0.76	0.72	0.69	0.66
	6	0.94	0.90	0.88	0.86	0.82	0.81	0.80	0.77	0.76	0.71
	7	0.95	0.92	0.92	0.88	0.85	0.84	0.86	0.83	0.81	0.80
가구주 성별	남	0.91	0.85	0.81	0.77	0.71	0.70	0.68	0.64	0.62	0.59
	여	0.95	0.92	0.92	0.91	0.88	0.88	0.86	0.85	0.85	0.83
가구원수	1인	0.93	0.90	0.88	0.87	0.86	0.87	0.85	0.85	0.85	0.85
	2인	0.91	0.86	0.84	0.81	0.76	0.76	0.74	0.72	0.70	0.68
	3인	0.92	0.85	0.80	0.75	0.69	0.66	0.63	0.60	0.56	0.53
	4인	0.91	0.84	0.81	0.76	0.69	0.66	0.64	0.59	0.56	0.51
	5인 이상	0.96	0.91	0.90	0.85	0.79	0.78	0.72	0.67	0.66	0.58
가구주 교육수준	초졸 이하	0.96	0.94	0.91	0.88	0.83	0.81	0.78	0.74	0.72	0.69
	중졸 이하	0.93	0.91	0.90	0.87	0.82	0.81	0.79	0.77	0.75	0.74
	고졸 이하	0.89	0.83	0.80	0.75	0.71	0.70	0.68	0.65	0.64	0.61
	대졸 이상	0.89	0.80	0.77	0.72	0.67	0.67	0.65	0.63	0.62	0.58
가구주 연령대	20대 이하	0.70	0.45	0.32	0.22	0.13	0.09	0.06	0.02	0.02	0.03
	30대	0.85	0.74	0.67	0.56	0.46	0.37	0.30	0.24	0.18	0.13
	40대	0.90	0.83	0.80	0.76	0.70	0.70	0.67	0.62	0.60	0.55
	50대	0.93	0.87	0.86	0.87	0.88	0.92	0.90	0.88	0.86	0.81
	60대	0.92	0.87	0.81	0.75	0.68	0.65	0.61	0.58	0.57	0.56
	70대 이상	1.07	1.14	1.21	1.25	1.26	1.32	1.37	1.38	1.39	1.40

주: 1) 지역 1=서울, 2=경기/인천, 3=부산/울산/경남, 4=대구/경북, 5=대전/충남, 6=충북/강원, 7=광주/전남/전북/제주

2) 원패널 가구는 1차 웨이브(2006)에서 패널 가구로 구축된 가구를 말함.

다음으로 가구주의 교육수준에 대해서는 대졸 이상 학력인 가구주의 가구에서 가장 낮은 응답률을 보이고 있으며, 가구주의 연령대별로는 웨이브가 지속될수록 가구주의 연령이 늘어나기 때문에 고령자의 응답률이 높아지며, 상대적으로 20~40대의 응답률은 낮아지는 경향을 보이고 있다. 특별히 60대의 응답률이 낮은 원인은 가구주의 연령층이 초기 웨이브에서 40대와 60대 후반 연령층이 다수를 차지하다가 시간이 지나면서 이들이 각각 50대와 70대로 편입됨으로 인한 효과로 보인다.

한편 응답률의 하락과는 반대로 무응답률(또는 탈락률)을 지역별로 살펴보면 〔그림 3-1〕과 같이 1차 웨이브 이후 지속적으로 무응답률이 증가하고 있는 지역은 서울(=1)로서 다른 지역에 비해 가파르게 상승하고 있다. 다음으로 무응답률이 증가하는 지역은 수도권(=2)으로서 4차 웨이브 이후 지속적인 증가 추세를 보이고 있으나, 서울 지역의 증가 속도에 비해 둔화된 추세를 나타내고 있다. 대전/충남 지역(=5)은 무응답률이 4차 웨이브에서 가장 높았다가 5차 웨이브에서는 가장 낮은 무응답률을 나타내고 있으며, 7차 웨이브에서 다시 급격히 증가하는 패턴을 보이고 있다. 따라서 원패널 가구를 중심으로 패널 가구의 탈락률은 웨이브가 지속될수록 증가하는 것으로 나타나며, 지역적으로 증가 속도가 상대적으로 빠른 지역이 서울 지역(=1)과 충청권역(=5)으로 나타났으며, 상대적으로 증가 속도가 둔화된 지역은 호남권역(=7)으로 나타나고 있다.

〔그림 3-1〕 원패널 가구의 웨이브별 지역별 탈락률

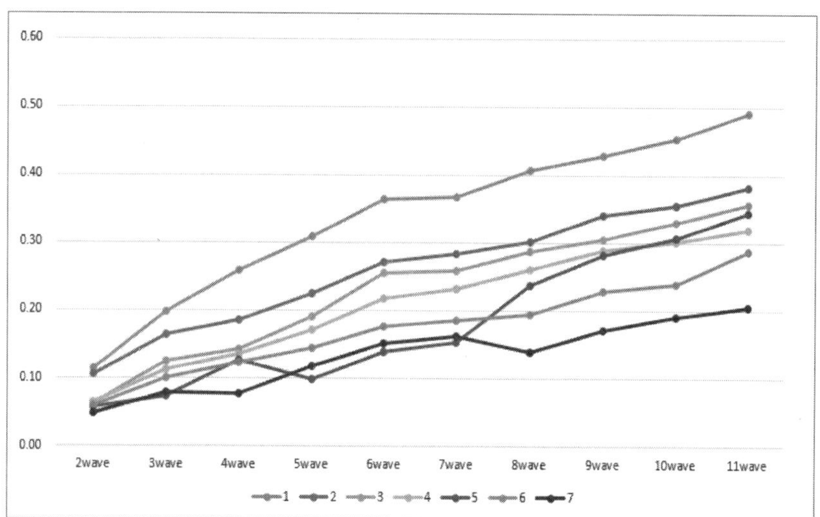

나. 개인패널

개인패널에 대한 분석에서는 1차 웨이브를 기준으로 개인 원패널에 대해 무응답이 발생한 2~11차 웨이브의 자료를 이용하며, 관심변수는 y는 가구소득(경상소득)이며, 보조변수로서는 가구의 일반적 특성인 지역(7개 권역), 개인 성별(2개 범주), 가구원 수(5개 범주), 개인 교육수준(4개 범주), 개인 연령대(6개 범주)를 고려하였다.

〈표 3-3〉 웨이브별 개인 원패널의 규모

변수 \ 웨이브		1차 wave	2차 wave	3차 wave	4차 wave	5차 wave	6차 wave	7차 wave	8차 wave	9차 wave	10차 wave	11차 wave
전체		18,856	17,024	15,671	14,865	13,969	12,926	12,606	12,095	11,446	11,020	10,388
지역	1	3,669	3,191	2,842	2,607	2,389	2,160	2,127	2,000	1,881	1,804	1,643
	2	4,368	3,856	3,545	3,394	3,189	2,955	2,862	2,780	2,632	2,526	2,395
	3	3,213	2,948	2,663	2,552	2,370	2,155	2,123	2,005	1,924	1,846	1,736
	4	2,291	2,106	1,957	1,852	1,725	1,584	1,544	1,461	1,380	1,347	1,279
	5	1,421	1,308	1,278	1,199	1,195	1,131	1,103	976	914	873	817
	6	1,240	1,140	1,050	998	959	903	875	868	810	785	724
	7	2,654	2,475	2,336	2,263	2,142	2,038	1,972	2,005	1,905	1,839	1,794
성별	남	8,858	7,941	7,239	6,820	6,382	5,849	5,681	5,439	5,146	4,933	4,625
	여	9,998	9,083	8,432	8,045	7,587	7,077	6,925	6,656	6,300	6,087	5,763
가구원 수	1인	1,521	1,452	1,436	1,445	1,466	1,445	1,458	1,448	1,432	1,448	1,450
	2인	4,190	3,812	3,630	3,528	3,382	3,187	3,205	3,121	3,030	2,963	2,868
	3인	4,071	3,617	3,242	2,974	2,786	2,560	2,476	2,359	2,251	2,124	2,034
	4인	6,220	5,519	4,971	4,674	4,295	3,873	3,687	3,531	3,235	3,044	2,804
	5인 이상	2,854	2,624	2,392	2,244	2,040	1,861	1,780	1,636	1,498	1,441	1,232
교육수준	초졸 이하	7,497	6,760	6,145	5,682	5,213	4,690	4,399	4,009	3,608	3,321	2,992
	중졸 이하	2,419	2,176	2,079	1,995	1,904	1,785	1,720	1,700	1,665	1,595	1,500
	고졸 이하	5,034	4,541	4,165	4,019	3,761	3,495	3,449	3,365	3,208	3,117	3,002
	대졸 이상	3,906	3,547	3,282	3,169	3,091	2,956	3,038	3,021	2,965	2,987	2,894
연령대	20대 이하	6,525	5,574	4,853	4,378	3,896	3,458	3,237	2,995	2,713	2,569	2,328
	30대	2,987	2,585	2,322	2,137	1,932	1,671	1,506	1,371	1,222	1,038	896
	40대	2,580	2,334	2,164	2,097	2,008	1,844	1,868	1,809	1,722	1,689	1,584
	50대	2,043	1,894	1,723	1,694	1,640	1,601	1,663	1,623	1,587	1,541	1,478
	60대	2,584	2,379	2,239	2,111	1,981	1,809	1,704	1,586	1,489	1,448	1,413
	70대 이상	2,137	2,258	2,370	2,448	2,512	2,543	2,628	2,711	2,713	2,735	2,689

주: 1) 지역 1=서울, 2=경기/인천, 3=부산/울산/경남, 4=대구/경북, 5=대전/충남, 6=충북/강원, 7=광주/전남/전북/제주

2) 원패널 가구는 1차 웨이브(2006)에서 패널 가구로 구축된 가구를 말함.

1차 웨이브에서 구축이 완료된 개인 원패널(1만 8,856명)을 중심으로 각 웨이브에서 개인 원패널의 응답률을 산정하였으며, 웨이브별 개인 원패널에 부여된 횡단면 표준 가중치를 분석에 활용하였다.

개인 원패널의 경우 〈표 3-4〉와 같이 전체적으로 6차 웨이브에서 응답률이 70% 아래로 떨어졌으며, 11차 웨이브에서는 원패널의 약 55%만이 생존하고 있음을 보여주고 있다. 부차그룹별로 응답률을 살펴보면 서울 및 수도권 지역의 응답률이 타 지역에 비해 급격히 낮아지고 있는 것으로 보이며, 가구원 수별로는 4인 이상 가구의 응답률이 타 그룹에 비해 감소폭이 크게 나타나고 있다. 한편 1인 가구의 응답률은 타 그룹에 비해 높게 나타나고 있으며, 일부 웨이브에서는 증가하는 경향도 보이는데 이러한 현상은 원가구에서 분가한 가구원이 새로운 가구를 형성하면서 1인 가구의 응답률이 높게 나타나는 것으로 사료된다. 교육수준별로는 대졸 이상 가구원의 응답률이 다른 그룹에 비해 높게 나타나고 있는데, 이는 웨이브가 지속될수록 패널 가구에 속한 가구원이 조사 대상이 되면서 학력도 향상되는 것으로 판단된다.

연령그룹에 대해서는 20대와 30대의 응답률이 다른 그룹에 비해 감소폭이 매우 높게 나타나고 있으며, 다른 한편으로는 70세 이상의 연령그룹에 속하는 가구원의 응답률은 웨이브가 지속될수록 증가하는 추세를 보이고 있으며, 이는 과거 하위 연령대에 속했던 응답자들이 상위 연령 그룹으로 이동하기 때문으로 사료된다.

〈표 3-4〉 웨이브별 개인 원패널의 응답률

변수		2차 wave	3차 wave	4차 wave	5차 wave	6차 wave	7차 wave	8차 wave	9차 wave	10차 wave	11차 wave
전체		0.90	0.83	0.79	0.74	0.69	0.67	0.64	0.61	0.58	0.55
지역	1	0.87	0.77	0.71	0.65	0.59	0.58	0.55	0.51	0.49	0.45
	2	0.88	0.81	0.78	0.73	0.68	0.66	0.64	0.60	0.58	0.55
	3	0.92	0.83	0.79	0.74	0.67	0.66	0.62	0.60	0.57	0.54
	4	0.92	0.85	0.81	0.75	0.69	0.67	0.64	0.60	0.59	0.56
	5	0.92	0.90	0.84	0.84	0.80	0.78	0.69	0.64	0.61	0.57
	6	0.92	0.85	0.80	0.77	0.73	0.71	0.70	0.65	0.63	0.58
	7	0.93	0.88	0.85	0.81	0.77	0.74	0.76	0.72	0.69	0.68
성별	남	0.90	0.82	0.77	0.72	0.66	0.64	0.61	0.58	0.56	0.52
	여	0.91	0.84	0.80	0.76	0.71	0.69	0.67	0.63	0.61	0.58
가구원수	1인	0.95	0.94	0.95	0.96	0.95	0.96	0.95	0.94	0.95	0.95
	2인	0.91	0.87	0.84	0.81	0.76	0.76	0.74	0.72	0.71	0.68
	3인	0.89	0.80	0.73	0.68	0.63	0.61	0.58	0.55	0.52	0.50
	4인	0.89	0.80	0.75	0.69	0.62	0.59	0.57	0.52	0.49	0.45
	5인 이상	0.92	0.84	0.79	0.71	0.65	0.62	0.57	0.52	0.50	0.43
교육수준	초졸 이하	0.90	0.82	0.76	0.70	0.63	0.59	0.53	0.48	0.44	0.40
	중졸 이하	0.90	0.86	0.82	0.79	0.74	0.71	0.70	0.69	0.66	0.62
	고졸 이하	0.90	0.83	0.80	0.75	0.69	0.69	0.67	0.64	0.62	0.60
	대졸 이상	0.91	0.84	0.81	0.79	0.76	0.78	0.77	0.76	0.76	0.74
연령대	20대 이하	0.85	0.74	0.67	0.60	0.53	0.50	0.46	0.42	0.39	0.36
	30대	0.87	0.78	0.72	0.65	0.56	0.50	0.46	0.41	0.35	0.30
	40대	0.90	0.84	0.81	0.78	0.71	0.72	0.70	0.67	0.65	0.61
	50대	0.93	0.84	0.83	0.80	0.78	0.81	0.79	0.78	0.75	0.72
	60대	0.92	0.87	0.82	0.77	0.70	0.66	0.61	0.58	0.56	0.55
	70대 이상	1.06	1.11	1.15	1.18	1.19	1.23	1.27	1.27	1.28	1.26

주: 1) 지역 1=서울, 2=경기/인천, 3=부산/울산/경남, 4=대구/경북, 5=대전/충남, 6=충북/강원, 7=광주/전남/전북/제주

2) 원패널 가구는 1차 웨이브(2006)에서 패널 가구로 구축된 가구를 말함.

〔그림 3-2〕 개인 원패널의 웨이브별 지역별 탈락률

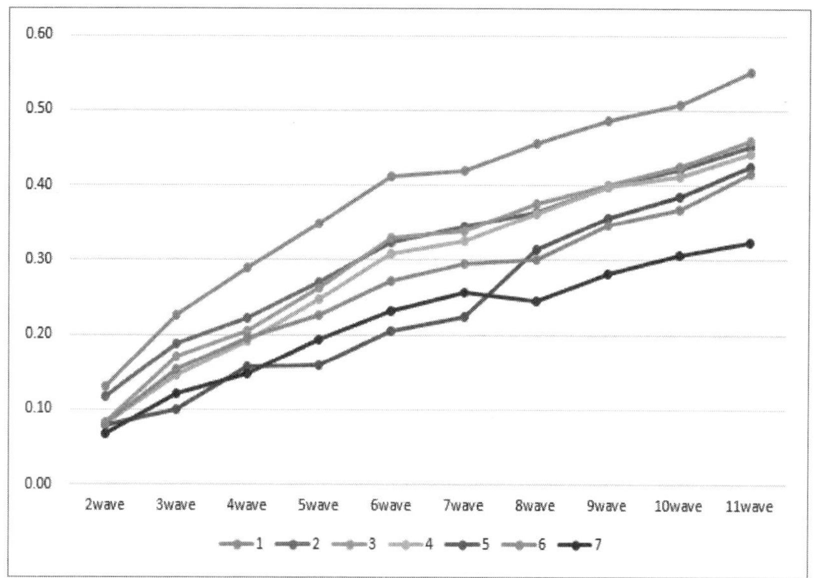

한편 응답률의 하락과는 반대로 무응답률(또는 탈락률)을 지역별로 살펴보면 〔그림 3-2〕와 같이 1차 웨이브 이후 지속적으로 무응답률의 증가폭이 가장 큰 지역은 서울(=1)로서 다른 지역에 비해 가파르게 상승하고 있다. 한편 대전충남권(=5)과 호남권(=7)의 경우 웨이브 초기에는 호남권의 탈락률이 증가하다가 7차 웨이브 이후 대전충남권(=5)의 탈락률이 호남권에 비해 높아지는 것으로 나타났다.

따라서 원패널 가구와 같이 개인 패널의 탈락률은 웨이브가 지속될수록 증가하는 것으로 나타나며, 지역적으로 증가 속도가 상대적으로 빠른 지역이 서울 지역(=1)과 대구경북권(=4)으로 나타났으며, 상대적으로 증가 속도가 둔화된 지역은 7차 웨이브 이후 호남권(=7)로 나타났다.

3. 가중치 영향 분석

여기에서는 가구패널의 경우, 가중치 적용 전과 후를 소득수준(일반가구, 저소득가구), 가구원 수, 지역의 비중으로 살펴봄으로써 가중치의 영향을 살펴보고자 한다. 개인패널 역시 소득수준, 성별, 연령대, 지역의 비중을 가중치 적용 전과 후로 나누어 경향성을 살펴보았다. 8차부터 11차까지는 원표본만으로 가구 수 또는 인구수로 사후 조정한 가중치를 재산정하여 분석하였다.

가. 가구패널

원패널 가구의 웨이브별 가구원 수 비중은 가중치를 적용하지 않을 경우, 차수가 증가할수록 1인 가구와 2인 가구의 비중은 증가하고 있는 반면에, 3인 가구와 4인 가구의 비중은 줄어들고 있다. 가중치 적용 후에는 2인 가구의 비중을 상대적으로 낮추고 3인 가구의 비중이 약간 증가함을 알 수 있다.

〈표 3-5〉 원패널 가구의 웨이브별 가구원 수 비중 비교(가중치 적용 전)

가구원 수	1차 wave	2차 wave	3차 wave	4차 wave	5차 wave	6차 wave	7차 wave	8차 wave	9차 wave	10차 wave	11차 wave
1	19.44	20.06	21.04	21.8	23.06	24.16	24.58	25.19	25.9	26.87	28.03
2	27.62	27.58	28.48	28.68	29.05	28.91	29.58	29.65	30.08	30.38	30.66
3	20.43	20.23	19.56	19.23	18.98	18.75	18.39	18.48	18.32	17.46	17.41
4	23.25	22.79	21.92	21.51	20.48	20	19.31	19.05	18.74	18.35	17.71
5	7.16	7.34	7.09	6.74	6.31	6.26	6.17	5.83	5.41	5.56	4.87
6인 이상	2.1	2.01	1.91	2.03	2.12	1.92	1.97	1.8	1.54	1.38	1.31

〈표 3-6〉 원패널 가구의 웨이브별 가구원 수 비중 비교(가중치 적용 후)

가구원 수	1차 wave	2차 wave	3차 wave	4차 wave	5차 wave	6차 wave	7차 wave	8차 wave	9차 wave	10차 wave	11차 wave
1	14.15	18.12	18.45	18.83	19.07	19.27	23.28	24.34	25.06	25.83	26.75
2	22.62	20.89	21.41	21.61	22.34	22.68	23.27	25.21	25.82	26.58	27.05
3	22.86	21.81	21.58	21.71	21.8	21.57	22.89	21.9	21.73	21.66	21.6
4	30.25	27.98	27.89	27.75	27	26.89	22.32	21.01	20.42	19.34	18.48
5	8.03	8.44	8.21	7.73	7.69	7.56	6.36	5.88	5.35	5.08	4.74
6인 이상	2.08	2.75	2.45	2.37	2.1	2.03	1.81	1.61	1.61	1.51	1.38

〈표 3-7〉 원패널 가구의 웨이브별 소득수준 비중 비교(가중치 적용 전과 후)

구분	소득 구분	백분율(가중치 미적용)	백분율(가중치 적용)
1차 wave	일반	55.33	73.69
	저소득	44.67	26.31
2차 wave	일반	60.76	73.99
	저소득	39.24	26.01
3차 wave	일반	58.86	74.32
	저소득	41.14	25.68
4차 wave	일반	59.85	74.86
	저소득	40.15	25.14
5차 wave	일반	60.87	76.25
	저소득	39.13	23.75
6차 wave	일반	59.85	76.15
	저소득	40.15	23.85
7차 wave	일반	60.40	74.57
	저소득	39.60	25.43
8차 wave	일반	62.33	74.22
	저소득	37.67	25.78
9차 wave	일반	61.88	74.20
	저소득	38.12	25.80
10차 wave	일반	62.27	74.55
	저소득	37.73	25.45
11차 wave	일반	62.32	74.50
	저소득	37.68	25.50

원패널 가구의 웨이브별 소득수준(일반가구, 저소득가구)을 살펴보면 1차 웨이브는 저소득층을 과다 표집하였기 때문에 가중치 적용 전에는 일반가구 비중이 55%, 저소득가구 비중이 45%였다. 11차에는 일반가구 비중이 62%로 점차 증가하고 있다. 반면에, 가중치 적용 후의 비중은 일반가구 75%, 저소득가구 25%로 차수별로 비슷한 비중을 보이고 있다.

〈표 3-8〉 원패널 가구의 웨이브별 지역 비중 비교(가중치 적용 전)

지역	1차 wave	2차 wave	3차 wave	4차 wave	5차 wave	6차 wave	7차 wave	8차 wave	9차 wave	10차 wave	11차 wave
1	18.68	18.06	17.4	16.8	16.64	16.34	16.57	16.15	16.09	15.86	15.36
2	21.76	21.24	21.3	21.55	21.44	21.59	21.43	21.59	21.24	21.31	21.46
3	17.46	17.76	17.44	17.6	17.32	16.98	17.03	16.84	17.22	17.07	17.15
4	12.77	12.94	13.05	12.98	13.01	12.96	12.87	12.85	12.76	12.93	13.01
5	7.71	7.86	8.28	8.06	8.55	8.55	8.57	7.97	7.97	7.93	7.75
6	6.61	6.71	6.73	6.74	6.88	7.02	7.01	7.2	7.27	7.3	7.2
7	15.02	15.42	15.81	16.26	16.16	16.55	16.53	17.4	17.46	17.59	18.07

〈표 3-9〉 원패널 가구의 웨이브별 지역 비중 비교(가중치 적용 후)

지역	1차 wave	2차 wave	3차 wave	4차 wave	5차 wave	6차 wave	7차 wave	8차 wave	9차 wave	10차 wave	11차 wave
1	21.26	20.42	20.26	20.68	20.95	20.79	20.16	20.01	19.6	19.51	19.37
2	27.16	26.5	27.12	27.16	27.65	28.19	29.01	28.14	28.18	28.09	28.22
3	17.15	16.37	16.09	16.12	16.03	16.23	15.38	15.97	15.99	15.73	15.75
4	9.99	10.85	10.86	10.67	10.54	10.38	10.56	10.57	10.59	10.73	10.75
5	7.31	7.25	7.56	7.39	7.12	7.01	7.08	7.09	7.53	7.67	7.84
6	6.19	6.53	6.32	6.3	6.29	6.19	6.37	6.33	6.52	6.53	6.53
7	10.94	12.08	11.79	11.68	11.42	11.22	11.45	11.89	11.59	11.74	11.55

원패널 가구의 지역 비중은 앞에서 언급한 것처럼 웨이브가 지속될수록 서울 비중은 줄어들고 있으며 호남권(=7)의 비중은 증가하고 있다. 가중치 적용 후의 지역 비중은 인천/경기의 비중이 상대적으로 높으며 호남권(=7)의 비중은 줄어들었고, 차수별로 지역 간에 비슷한 비중을 보이고 있다.

나. 개인패널

〈표 3-10〉 개인 원패널의 웨이브별 소득수준 비중 비교(가중치 적용 전과 후)

구분	소득 구분	백분율(가중치 미적용)	백분율(가중치 적용)
1차 wave	일반	62.18	78.13
	저소득	37.82	21.87
2차 wave	일반	68.02	80.73
	저소득	31.98	19.27
3차 wave	일반	66.19	79.3
	저소득	33.81	20.7
4차 wave	일반	67.37	81.05
	저소득	32.63	18.95
5차 wave	일반	68.3	81.84
	저소득	31.7	18.16
6차 wave	일반	67.68	82.18
	저소득	32.32	17.82
7차 wave	일반	68.02	82.08
	저소득	31.98	17.92
8차 wave	일반	69.93	83.4
	저소득	30.07	16.6
9차 wave	일반	70.31	85.05
	저소득	29.69	14.95
10차 wave	일반	70.67	84.96
	저소득	29.33	15.04
11차 wave	일반	70.84	85.01
	저소득	29.16	14.99

개인 원패널의 일반가구 비중은 가중치를 적용하지 않을 경우, 62%에서 70%까지 증가하는 경향을 보이고 있고, 가중치 적용 후에는 11차 웨이브 일반가구의 비중이 가중치 적용 전보다 15%p 더 증가함을 알 수 있다.

〈표 3-11〉 개인 원패널의 웨이브별 성별 비중 비교(가중치 적용 전과 후)

구분	성별	백분율(가중치 미적용)	백분율(가중치 적용)
1차 wave	남	46.98	48.24
	여	53.02	51.76
2차 wave	남	46.65	48.27
	여	53.35	51.73
3차 wave	남	46.19	48.26
	여	53.81	51.74
4차 wave	남	45.88	47.83
	여	54.12	52.17
5차 wave	남	45.69	47.87
	여	54.31	52.13
6차 wave	남	45.25	47.99
	여	54.75	52.01
7차 wave	남	45.07	48.15
	여	54.93	51.85
8차 wave	남	44.97	49.33
	여	55.03	50.67
9차 wave	남	44.95	49.93
	여	55.05	50.07
10차 wave	남	44.73	49.69
	여	55.27	50.31
11차 wave	남	44.52	49.46
	여	55.48	50.54

개인 원패널의 성별 비중은 남자의 비중이 45%, 여자의 비중이 55%이다. 차수가 지속되어도 성별의 비중에 차이는 없었으며, 가중치 적용 후에는 남녀의 비중이 거의 비슷하게 나타난다.

〈표 3-12〉 개인 원패널의 연령별 비중 비교(가중치 적용 전)

연령대	1차 wave	2차 wave	3차 wave	4차 wave	5차 wave	6차 wave	7차 wave	8차 wave	9차 wave	10차 wave	11차 wave
10세 이하	11.98	10.6	9.34	8.03	6.66	5.15	3.97	2.72	12.64	12.61	12.7
10대	12.38	12.73	12.93	13.24	13.44	13.93	13.91	13.89	10.09	10.09	9.71
20대	10.25	9.4	8.7	8.19	7.78	7.67	7.81	8.14	8.65	8.57	8.63
30대	15.84	15.18	14.82	14.38	13.83	12.93	11.95	11.34	15.29	15.35	15.25
40대	13.68	13.71	13.81	14.11	14.37	14.27	14.82	14.96	14.04	14.11	14.23
50대	10.83	11.13	10.99	11.4	11.74	12.39	13.19	13.41	13	13.19	13.6
60대	13.7	13.97	14.29	14.2	14.18	14	13.52	13.11	17.06	17.31	17.68
70대	8.6	10.1	11.44	12.41	13.7	14.97	15.53	16.38	8.08	7.8	7.46
80대	2.48	2.87	3.36	3.72	3.92	4.25	4.82	5.41	1.1	0.94	0.71
90대	0.25	0.29	0.32	0.32	0.36	0.44	0.48	0.62	0.04	0.03	0.03
100세 이상	0.01	0.01	0.01	0.01	0.01	0.01	0.02	0.02	·	·	·

〈표 3-13〉 개인 원패널의 연령별 비중 비교(가중치 적용 후)

연령대	1차 wave	2차 wave	3차 wave	4차 wave	5차 wave	6차 wave	7차 wave	8차 wave	9차 wave	10차 wave	11차 wave
10세 이하	14.1	14.15	14.18	12.86	12.18	11.61	10.75	10.82	13.48	13.32	13.05
10대	13.33	13.34	13.14	13.42	10.86	14.6	15.43	15.69	16.03	15.68	15.42
20대	11.55	11.72	11.73	13.94	9.29	14.32	14.5	14.08	15.43	15.04	14.74
30대	19.15	19.07	19.32	18.74	15.17	18.47	18.58	18.64	19.49	19.28	19.02
40대	15.12	15.04	14.79	17.48	13.63	17.93	18.03	18.19	17.1	17.59	17.97
50대	10.1	9.99	9.99	10.99	11.78	11.06	11	11.24	9.6	9.96	10.37
60대	9.79	9.87	10.11	7.65	15.87	7.54	7.48	7.33	6.13	6.35	6.59
70대	5.15	5.19	5.29	3.93	9.23	3.7	3.58	3.43	2.39	2.48	2.59
80대	1.53	1.46	1.33	0.91	1.89	0.71	0.62	0.54	0.32	0.28	0.23
90대	0.19	0.16	0.13	0.08	0.11	0.05	0.03	0.03	0.02	0.02	0.03
100세 이상	0.01	0.01			·	·	·	·	·	·	·

개인 원패널의 연령대별 비중 비교를 위해 각 웨이브에서 연령을 1차 웨이브 연도인 2006년도로 고정하여 계산한 후 연령대별 비중을 살펴보았다. 가중치 적용 전에는 60대가 상대적으로 높은 비중을 차지하고 있으며, 차수별로 연령대 비중이 차이가 남을 알 수 있다. 가중치 적용 후에는 사후 보정으로 인해 저연령층의 비중은 높아졌으며 고연령층의 비중은 낮아졌음을 확인할 수 있다.

〈표 3-14〉 개인 원패널의 웨이브별 지역 비중 비교(가중치 적용 전)

지역	1차 wave	2차 wave	3차 wave	4차 wave	5차 wave	6차 wave	7차 wave	8차 wave	9차 wave	10차 wave	11차 wave
1	19.46	18.74	18.14	17.54	17.1	16.71	16.87	16.54	16.44	16.38	15.82
2	23.17	22.65	22.62	22.83	22.83	22.86	22.7	22.99	23	22.89	23.06
3	17.04	17.32	16.99	17.17	16.97	16.67	16.84	16.58	16.82	16.75	16.71
4	12.15	12.37	12.49	12.46	12.35	12.25	12.25	12.08	12.06	12.23	12.31
5	7.54	7.68	8.16	8.07	8.55	8.75	8.75	8.07	7.99	7.93	7.86
6	6.58	6.7	6.7	6.71	6.87	6.99	6.94	7.17	7.07	7.12	6.97
7	14.08	14.54	14.91	15.22	15.33	15.77	15.64	16.58	16.62	16.7	17.27

〈표 3-15〉 개인 원패널의 웨이브별 지역 비중 비교(가중치 적용 후)

지역	1차 wave	2차 wave	3차 wave	4차 wave	5차 wave	6차 wave	7차 wave	8차 wave	9차 wave	10차 wave	11차 wave
1	21.35	21.46	21.18	20.69	20.67	20.42	20.26	20.24	19.69	19.86	19.87
2	28.13	28.03	28.31	28.34	28.34	28.68	28.76	28.94	29.19	29.2	29.43
3	17.01	17.01	16.96	15.91	15.93	15.89	15.86	15.8	16.14	15.96	15.85
4	9.84	9.75	9.66	10.43	10.38	10.32	10.4	10.24	10.3	10.21	10.25
5	7.03	7.02	7.29	7.01	7.13	7.13	7.27	6.94	7.48	7.46	7.45
6	6.32	6.33	6.22	6.28	6.25	6.2	6.21	6.22	5.92	6.05	6.04
7	10.32	10.4	10.39	11.34	11.29	11.36	11.23	11.61	11.28	11.26	11.11

개인 원패널의 지역별 비중은 원패널 가구의 지역별 비중과 비슷한 특성을 보이고 있다.

4. 가중치 변화 분석

원표본 패널에서 처음에 부여된 가중치가 패널들의 탈락, 무응답으로 인해 가중치가 차수별로 어떻게 변했는지를 검토해볼 필요가 있다. 원패널의 1차부터 11차까지의 가중치를 활용하기 위해, 8차부터 11차까지 원표본만으로 총 인구수 또는 총 가구 수로 사후 조정한 가중치를 재산정하여 분석하였다. 가중치 변화는 가중치 ratio로 살펴보며, 수식은 다음과 같다.

$$w-ratio = P\text{차 종단가중치} / 1\text{차 종단가중치}, P=2,...,11$$

가. 가구패널

가구패널의 특성은 가구원 수, 소득수준, 지역을 고려하였고 특성별로 가중치 ratio를 살펴보았다. 차수별 가중치 ratio 분포를 보기 위해 상자그림으로 차수별 가중치 ratio를 그려 보았다. p차 웨이브의 가중치 ratio가 10이라는 것은 p차 웨이브의 가중치 값이 1차 때 부여된 가중치 값의 10배라는 의미이다. 상자그림에서 상자 범위가 크면 가중치의 표준편차가 크다고 해석할 수 있다.

가구원 수별 상자그림을 살펴보면 차수가 지속될수록 3인 가구와 5인 가구에서 가중치 ratio 값이 높아지고 있으며, 매우 큰 값들도 존재하고 있다.

[그림 3-3] 원패널 가구의 웨이브별 가구원 수 1 가중치 변화 상자그림

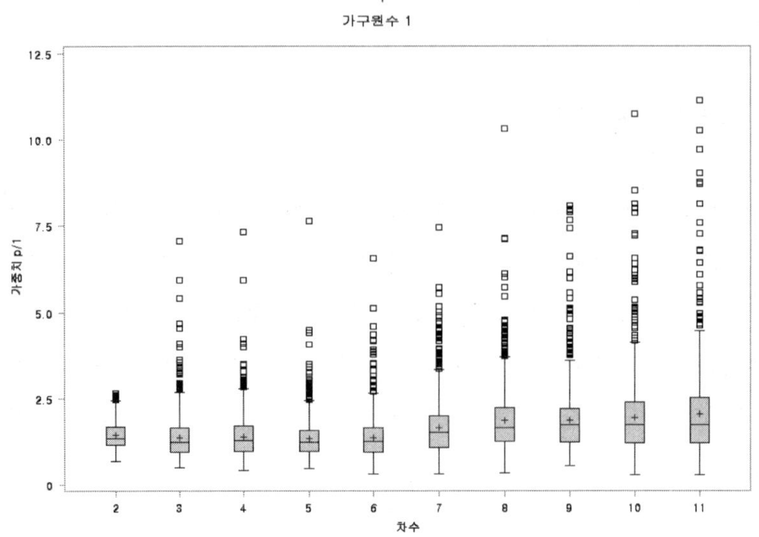

[그림 3-4] 원패널 가구의 웨이브별 가구원 수 2 가중치 변화 상자그림

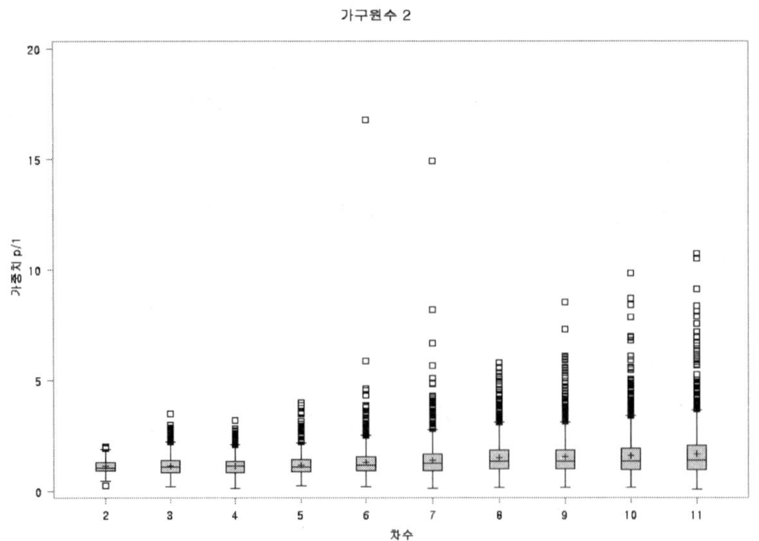

〔그림 3-5〕 원패널 가구의 웨이브별 가구원 수 3 가중치 변화 상자그림

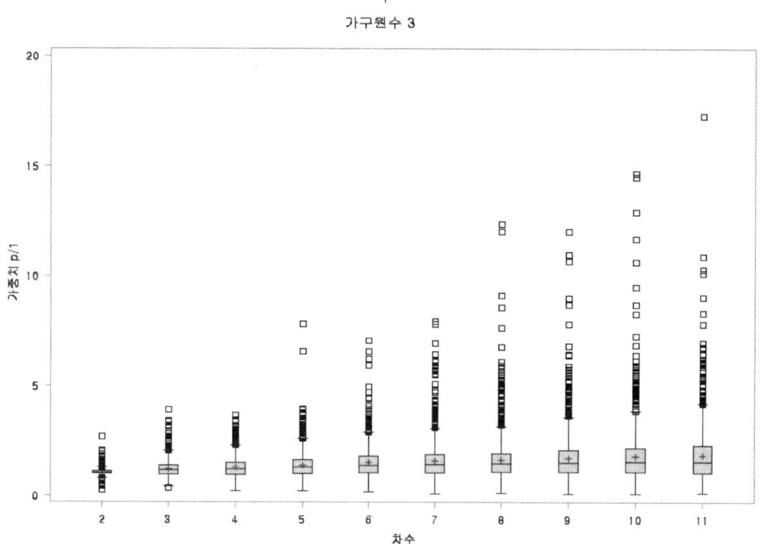

〔그림 3-6〕 원패널 가구의 웨이브별 가구원 수 4 가중치 변화 상자그림

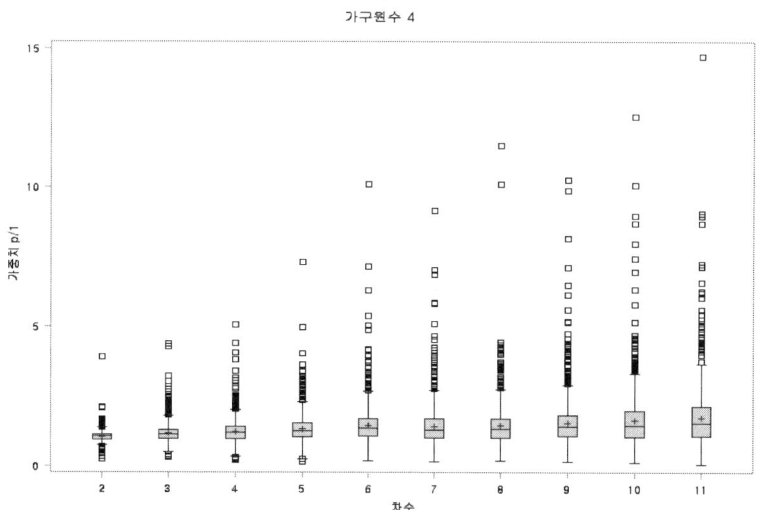

〔그림 3-7〕 원패널 가구의 웨이브별 가구원 수 5 가중치 변화 상자그림

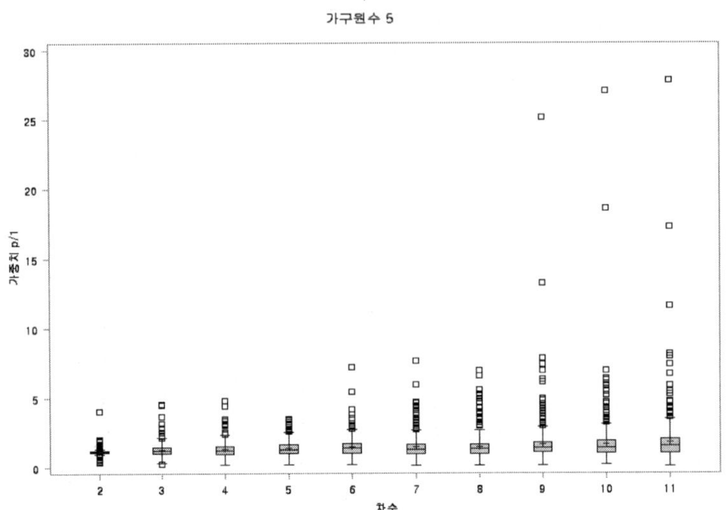

〔그림 3-8〕 원패널 가구의 웨이브별 가구원 수 6 가중치 변화 상자그림

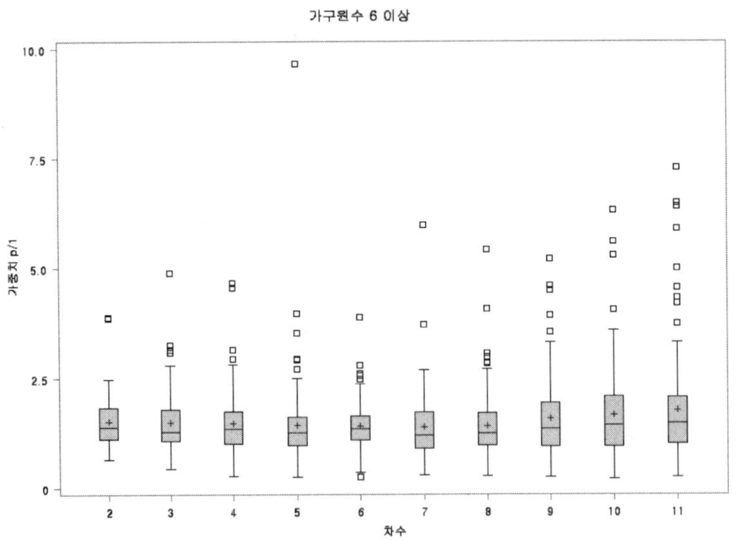

〔그림 3-9〕 원패널 가구의 웨이브별 일반가구 가중치 변화 상자그림

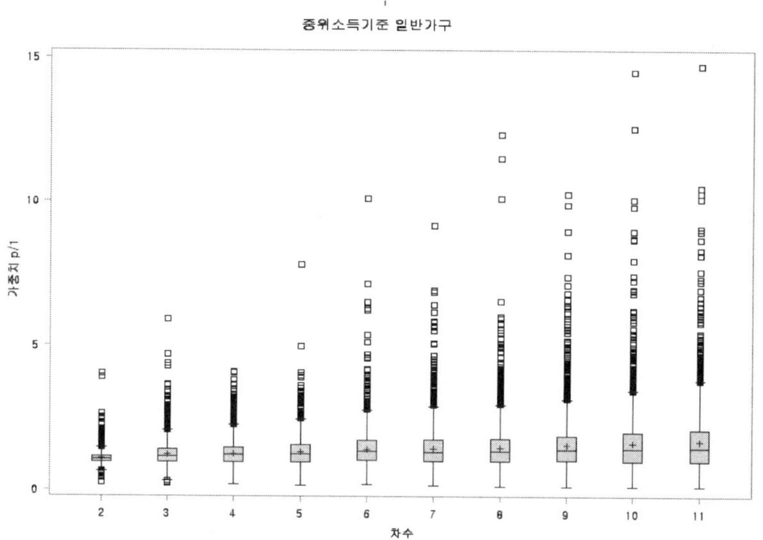

〔그림 3-10〕 원패널 가구의 웨이브별 저소득가구 가중치 변화 상자그림

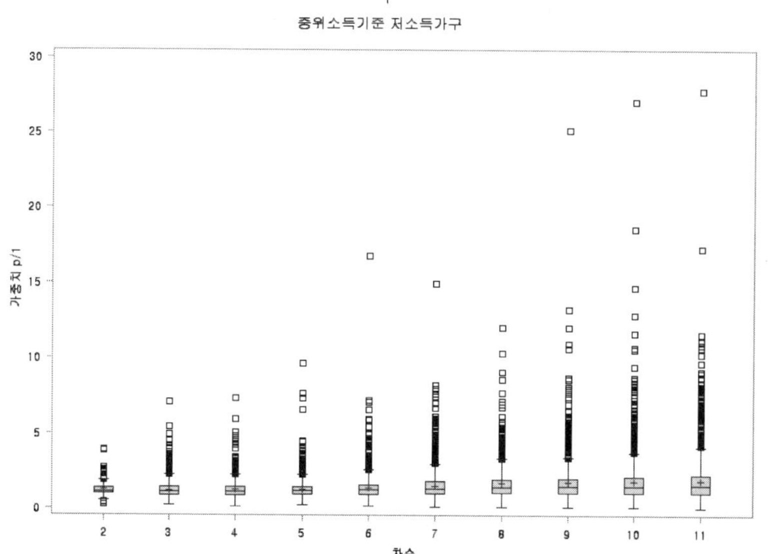

원패널 가구의 소득 기준별 가중치 ratio를 비교해 보면, 차수가 지속될수록 일반가구보다 저소득가구에서 가중치 ratio가 큰 값이 많이 존재하며, 어떤 가구는 9차 웨이브 이후부터 1차 때보다 25배 이상의 가중치 값을 가지고 있다.

[그림 3-11] 원패널 가구의 웨이브별 서울 지역 가중치 변화 상자그림

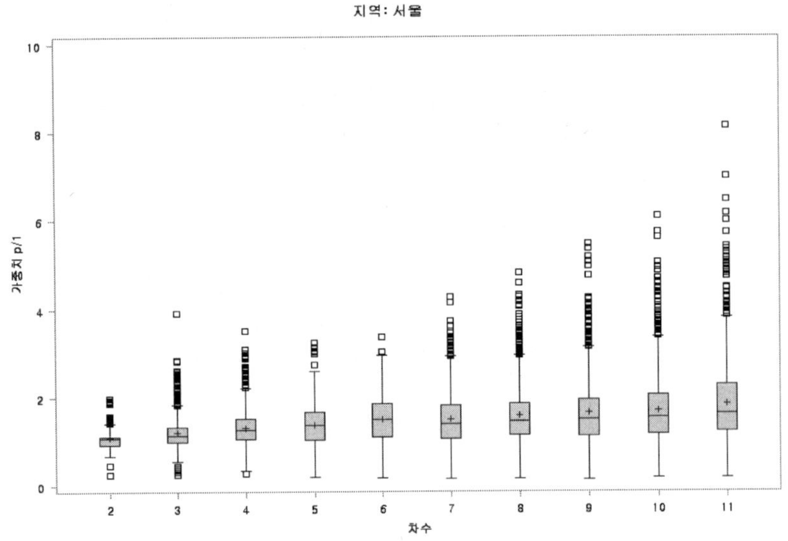

[그림 3-12] 원패널 가구의 웨이브별 인천/경기 지역 가중치 변화 상자그림

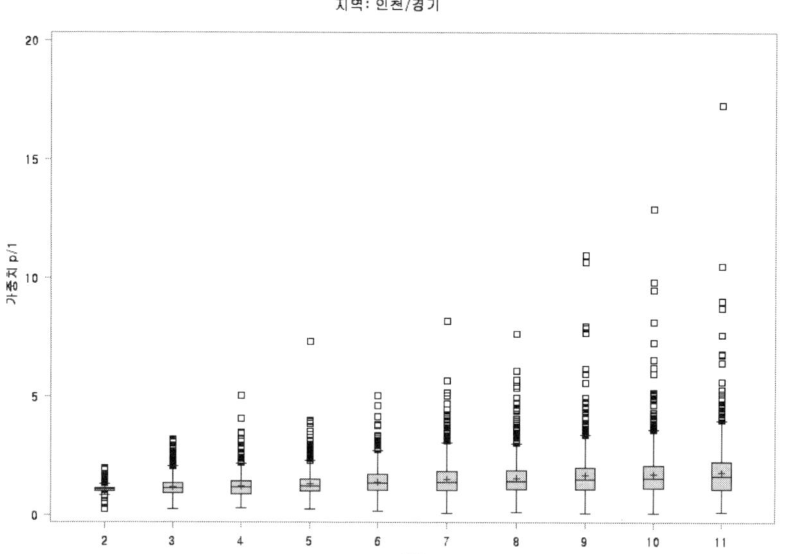

[그림 3-13] 원패널 가구의 웨이브별 부산/경남/울산 지역 가중치 변화 상자그림

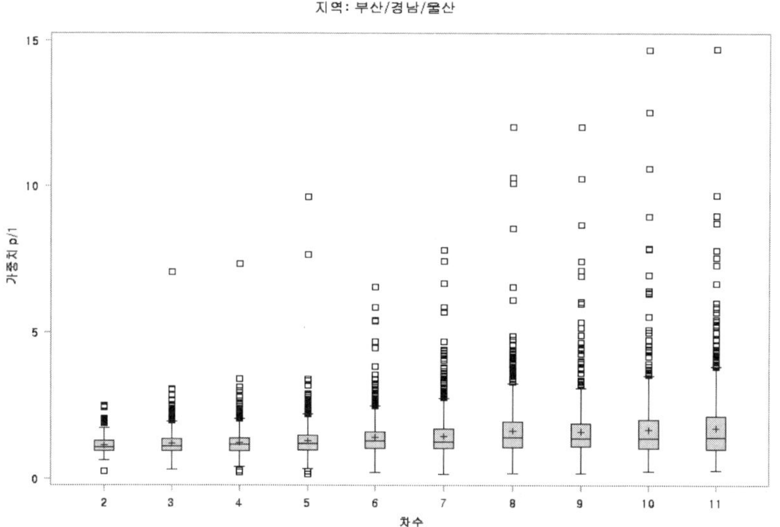

〔그림 3-14〕 원패널 가구의 웨이브별 대구/경북 지역 가중치 변화 상자그림

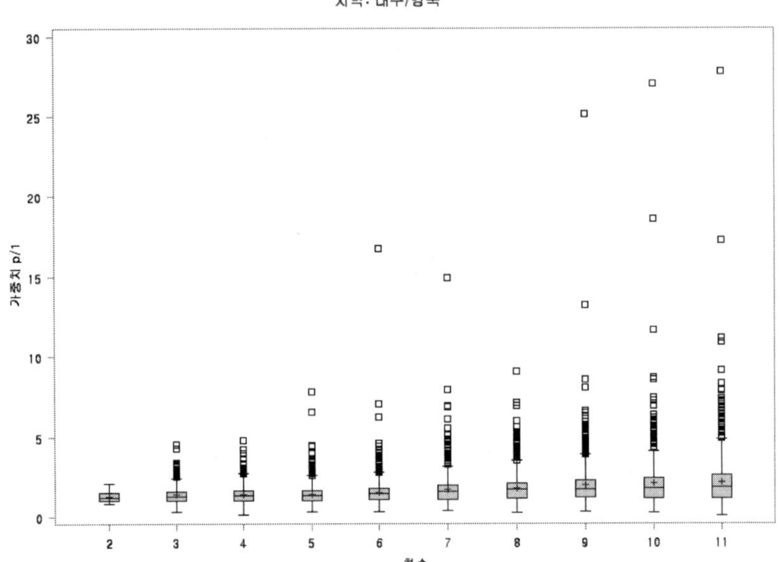

〔그림 3-15〕 원패널 가구의 웨이브별 대전/충남 지역 가중치 변화 상자그림

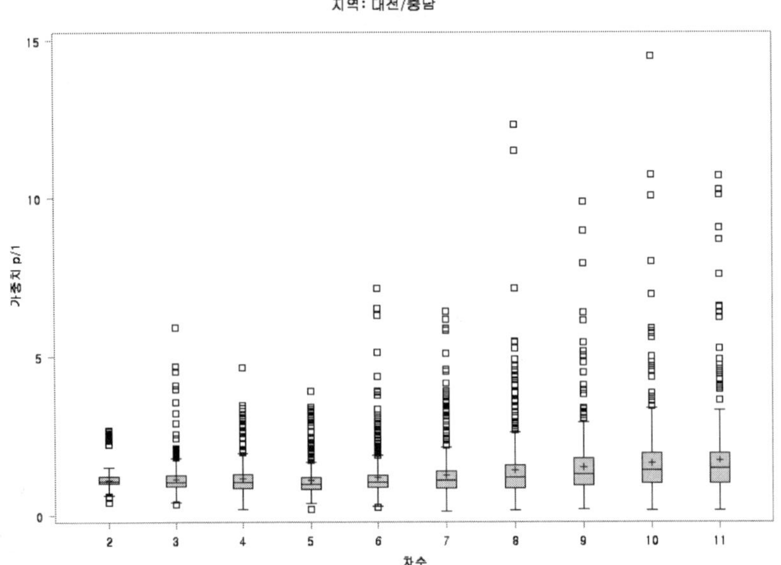

〔그림 3-16〕 원패널 가구의 웨이브별 강원/충북 지역 가중치 변화 상자그림

지역: 강원/충북
12.5
10.0
7.5
5.0
2.5
0
가중치 p/1
2
3
4
5
6
7
8
9
10
11
차수

〔그림 3-17〕 원패널 가구의 웨이브별 광주/전남/전북/제주 지역 가중치 변화 상자그림

지역: 광주/전남/전북/제주
12.5
10.0
7.5
5.0
2.5
0
가중치 p/1
2
3
4
5
6
7
8
9
10
11
차수

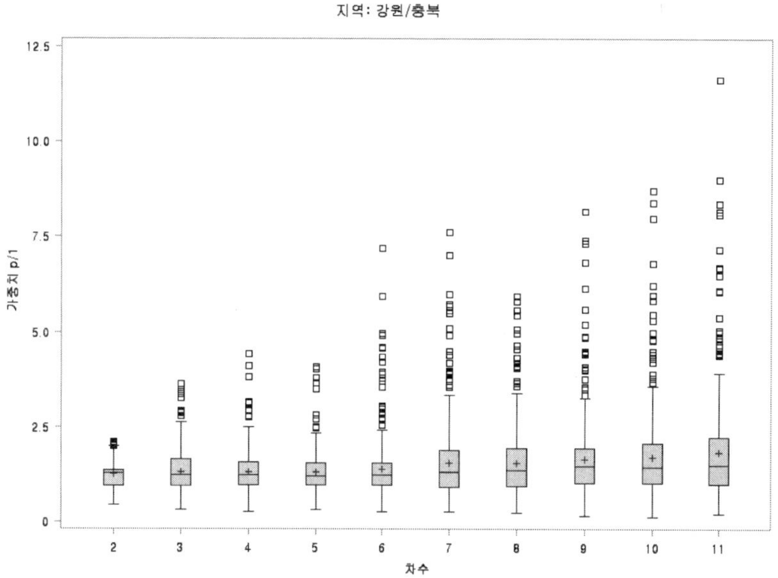

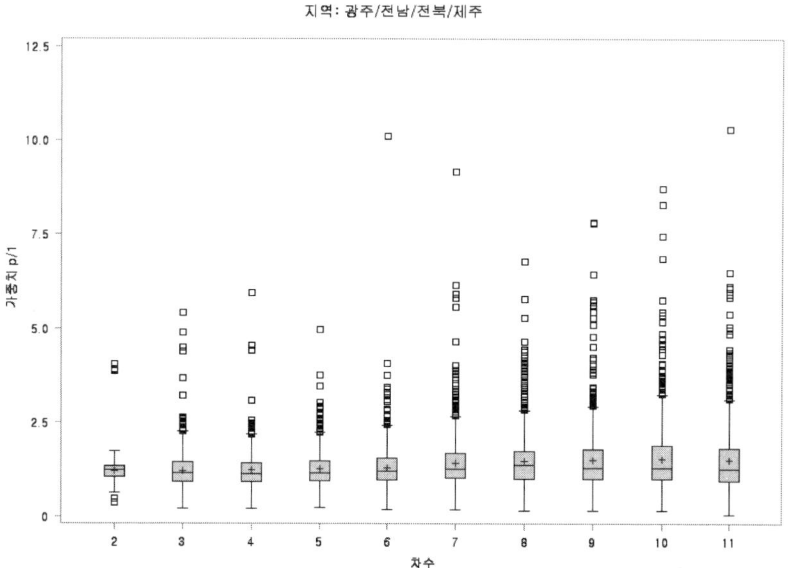

가중치 ratio의 지역별 차수 비교에서는 서울, 강원/충북, 호남권은 극단값이 10 내외로 상대적으로 안정된 값을 가지고 있으며, 대구/경북에서는 15 이상의 극단값들이 많이 존재하며, 가중치 ratio 표준편차가 크다고 할 수 있다.

나. 개인패널

성별로 가중치 ratio를 살펴보면 차수가 지속될수록 값이 커지는 경향이 둘 다 나타난다. 이는 성별에 따라 무응답 경향 차이가 없음을 알 수 있다.

〔그림 3-18〕 원패널 남성 가구원의 웨이브별 가중치 변화 상자그림

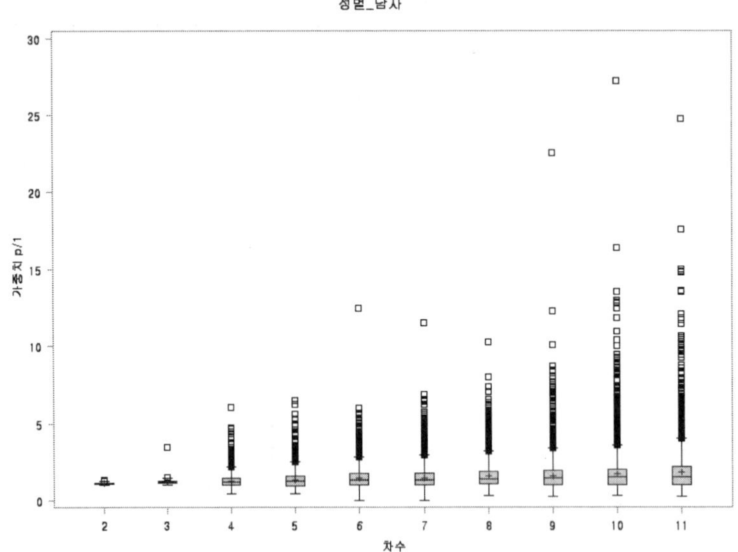

〔그림 3-19〕 원패널 여성 가구원의 웨이브별 가중치 변화 상자그림

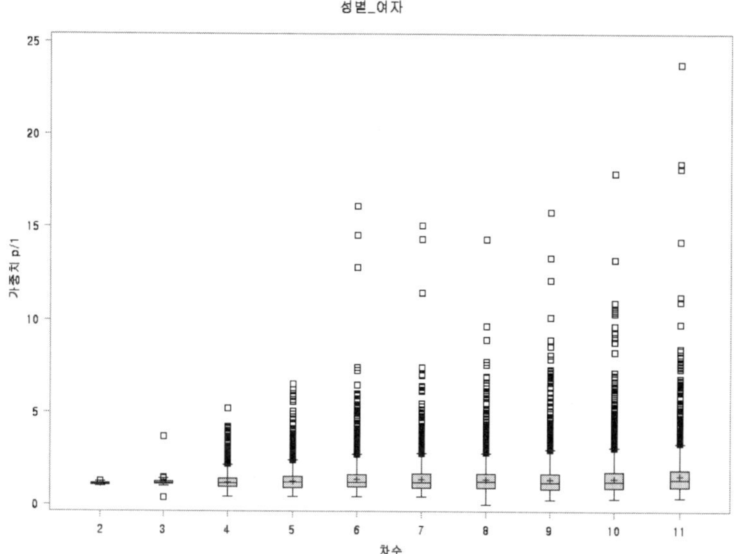

〔그림 3-20〕 원패널 10세 미만 가구원의 웨이브별 가중치 변화 상자그림

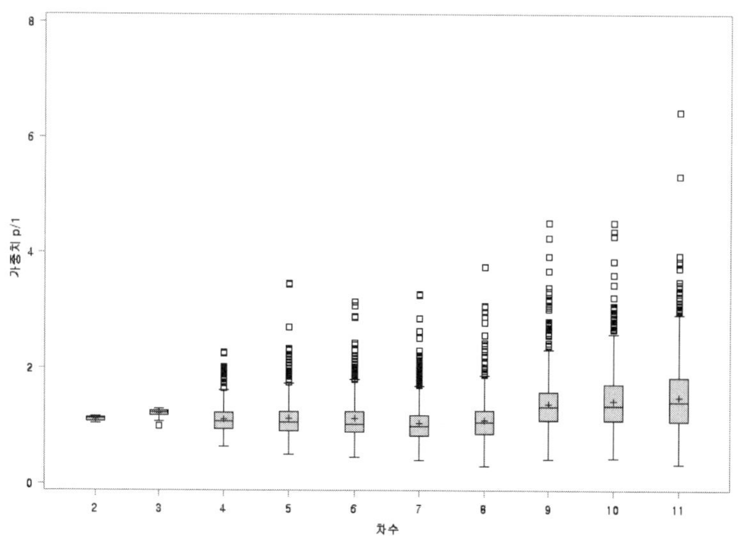

[그림 3-21] 원패널 10대 가구원의 웨이브별 가중치 변화 상자그림

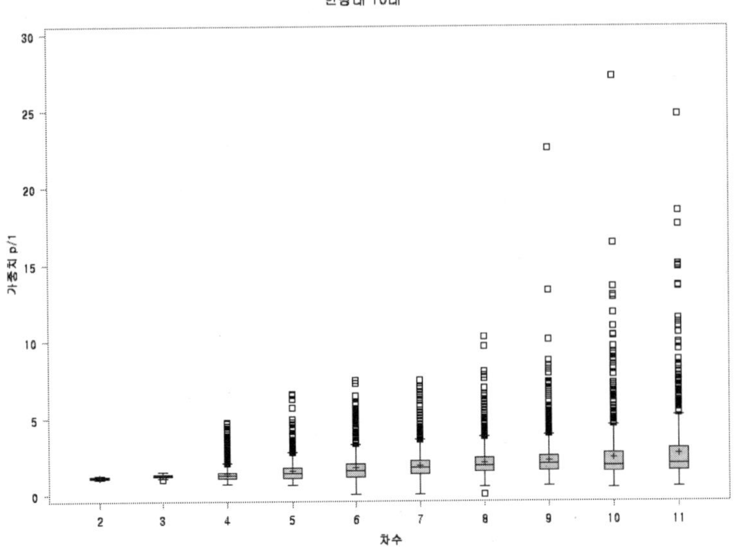

[그림 3-22] 원패널 20대 가구원의 웨이브별 가중치 변화 상자그림

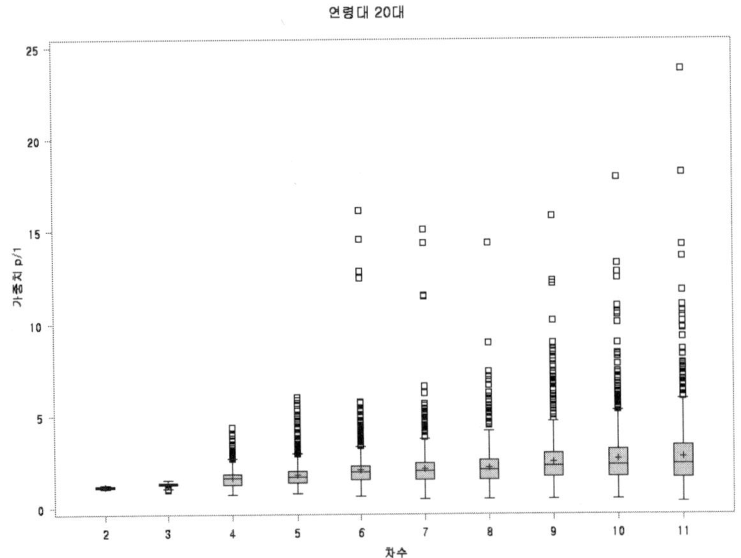

〔그림 3-23〕 원패널 30대 가구원의 웨이브별 가중치 변화 상자그림

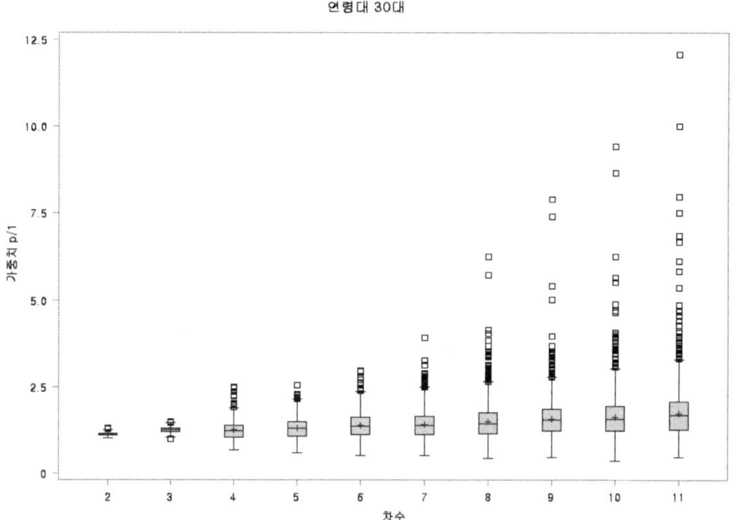

〔그림 3-24〕 원패널 40대 가구원의 웨이브별 가중치 변화 상자그림

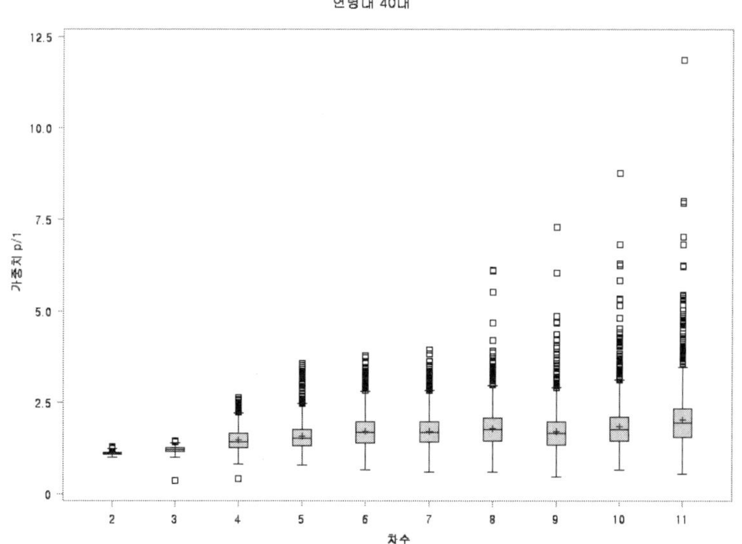

〔그림 3-25〕 원패널 50대 가구원의 웨이브별 가중치 변화 상자그림

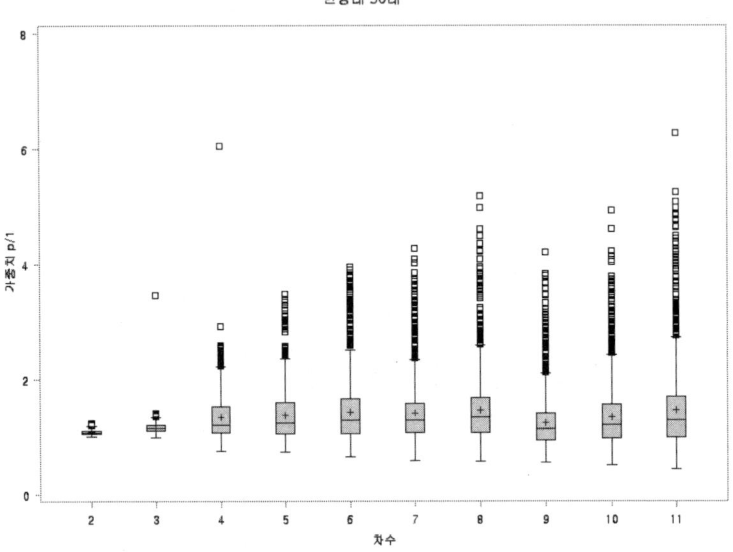

〔그림 3-26〕 원패널 60대 가구원의 웨이브별 가중치 변화 상자그림

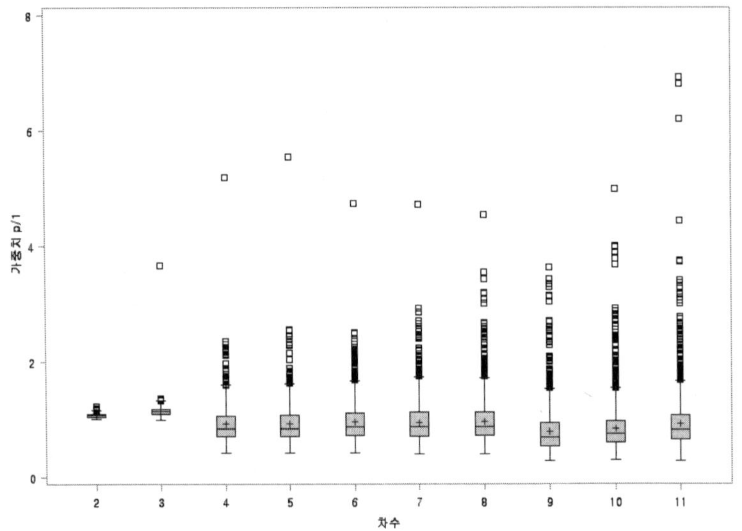

연령별 가중치 ratio는 10대와 20대에서 차수가 지속될수록 극단값들이 많이 존재한다. 이는 10대와 20대에서 무응답이 상대적으로 많이 발생했음을 알 수 있다.

가중치 ratio의 지역별 차수 비교에서는 가구패널과 마찬가지로 서울, 강원/충북, 호남권은 극단값이 10 내외로 상대적으로 안정된 값을 가지고 있으며, 대구/경북에서는 15 이상의 극단값들이 많이 존재하며, 가중치 ratio 표준편차가 크다고 할 수 있다.

[그림 3-27] 원패널 가구원의 웨이브별 서울 지역 가중치 변화 상자그림

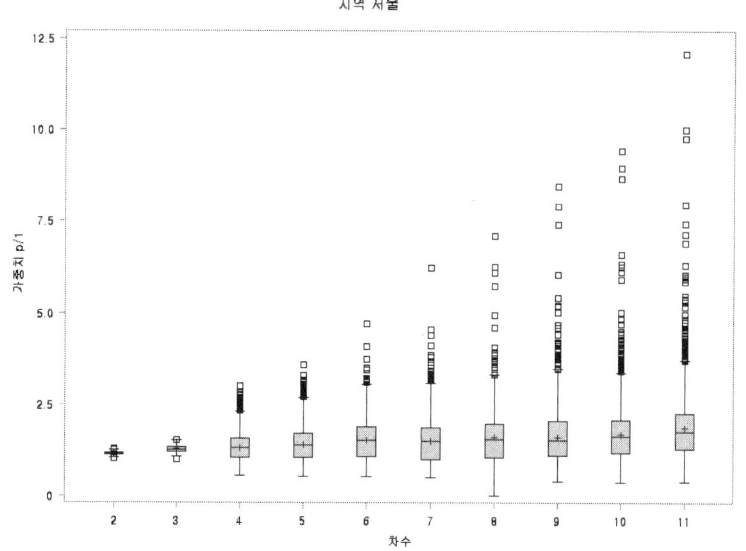

〔그림 3-28〕 원패널 가구원의 웨이브별 인천/경기 지역 가중치 변화 상자그림

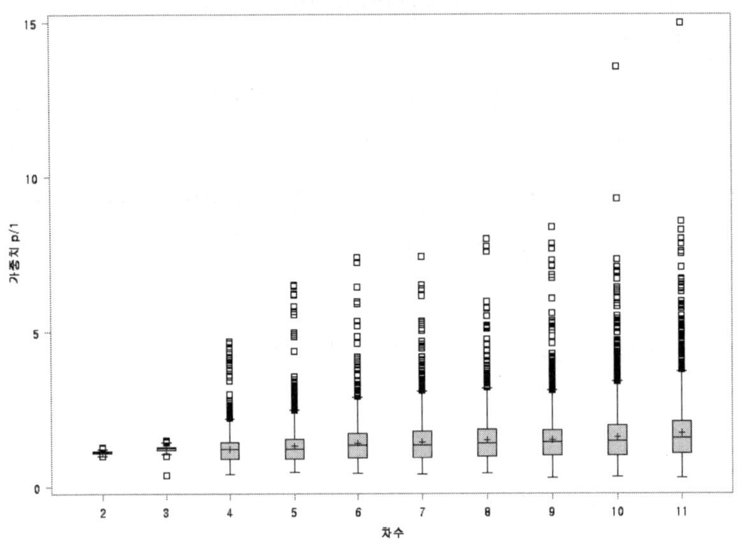

〔그림 3-29〕 원패널 가구원의 웨이브별 부산/경남/울산 지역 가중치 변화 상자그림

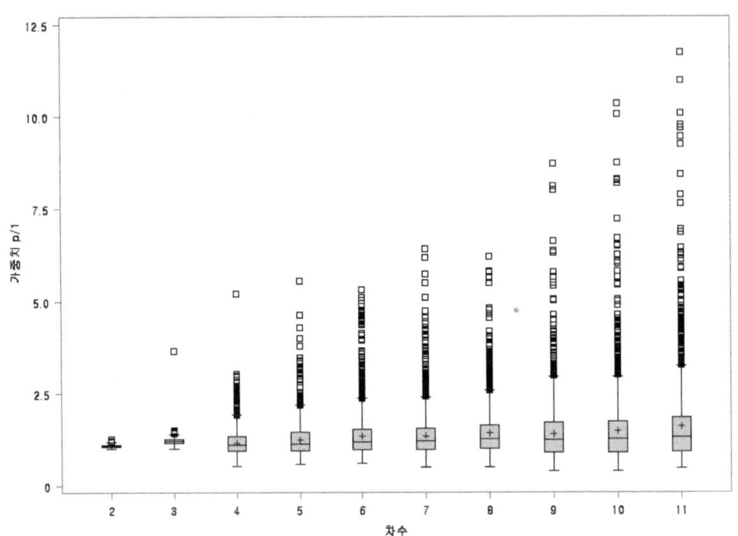

[그림 3-30] 원패널 가구원의 웨이브별 대구/경북 지역 가중치 변화 상자그림

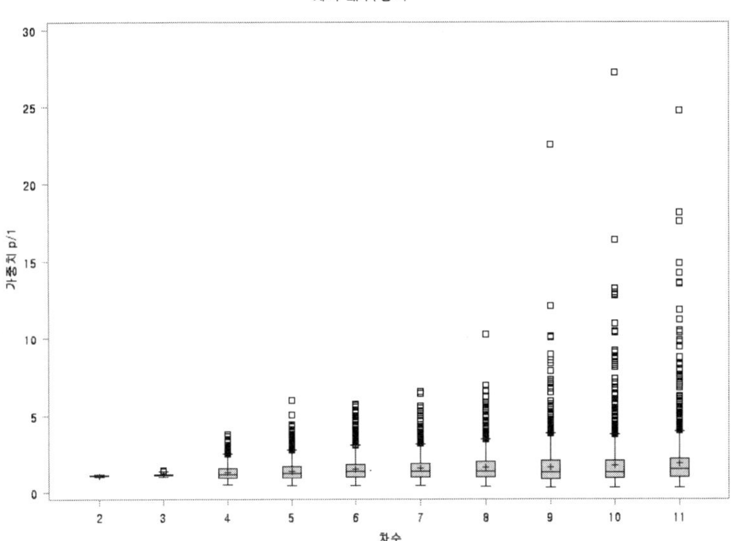

[그림 3-31] 원패널 가구원의 웨이브별 대전/충남 지역 가중치 변화 상자그림

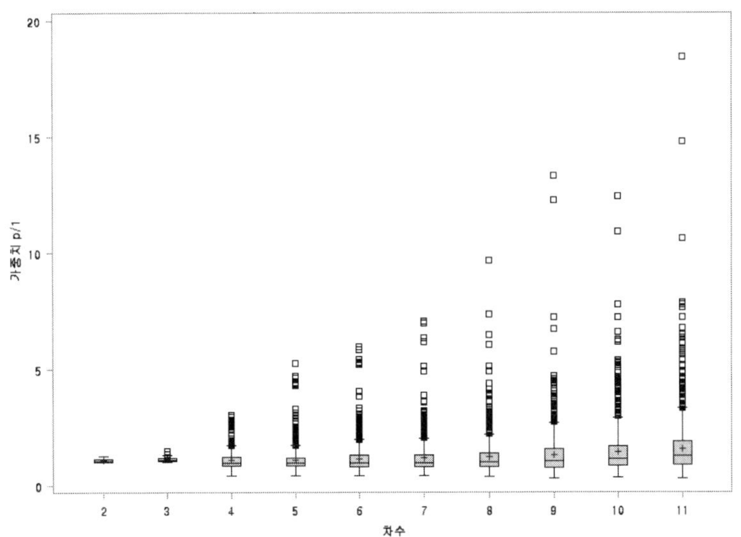

〔그림 3-32〕 원패널 가구원의 웨이브별 강원/충북 지역 가중치 변화 상자그림

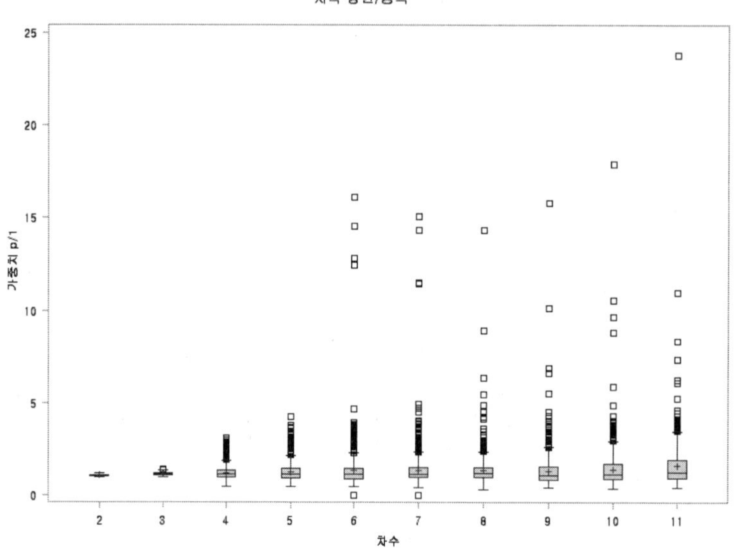

〔그림 3-33〕 원패널 가구원의 웨이브별 광주/전남/전북/제주도 지역 가중치 변화 상자그림

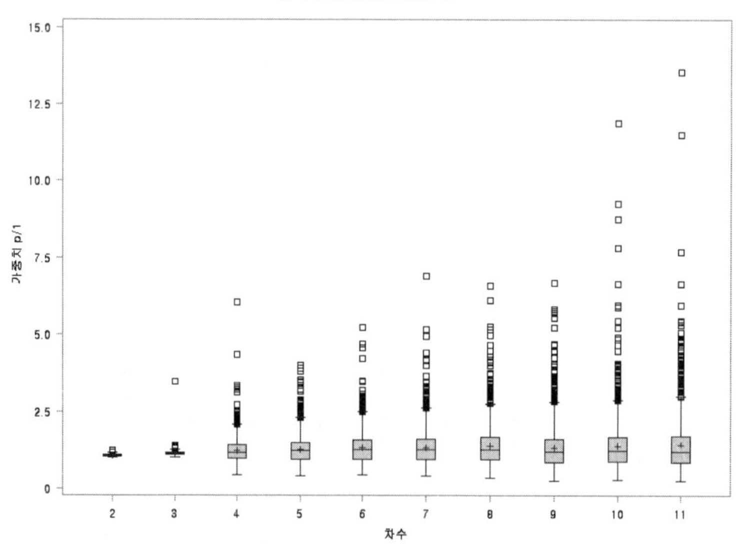

개인 원패널의 소득기준별 가중치 ratio를 비교해 보면, 차수가 지속될수록 일반가구보다 저소득가구에 속한 개인의 가중치 ratio가 큰 값이 많이 존재한다.

〔그림 3-34〕 일반가구에 속한 원패널 가구원의 웨이브별 지역 가중치 변화 상자그림

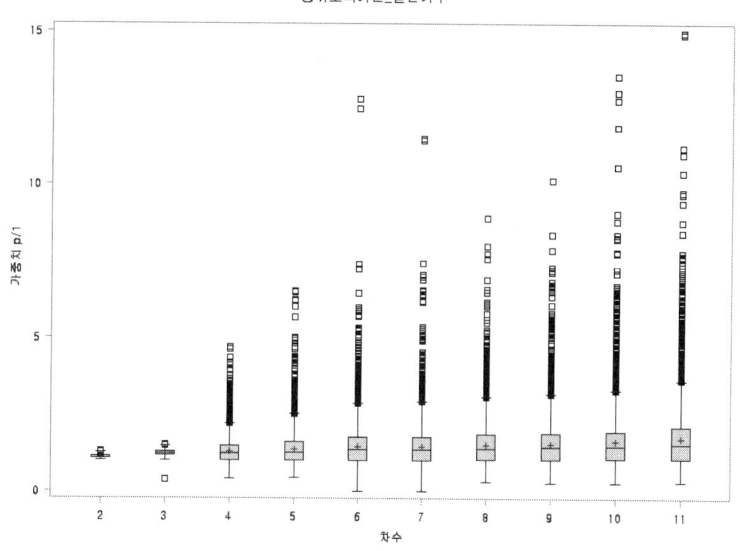

[그림 3-35] 저소득 가구에 속한 원패널 가구원의 웨이브별 지역 가중치 변화 상자그림

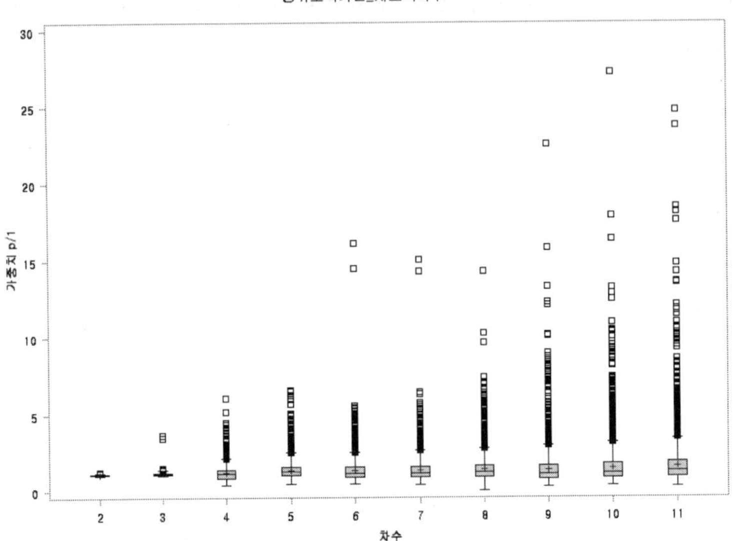

제2절 대표성 관련 지수 분석[6)]

조사자료의 품질에 영향을 주는 요인들은 다양하게 존재한다. 이 중에서 가중 큰 영향을 주는 요인 중 하나가 조사 무응답(survey non-response)이다. 특히 조사 자료에서 추정오차의 가장 중요한 원인은 조사 무응답이다. 그러나 이러한 오차를 객관적으로 평가하기란 매우 어려운 문제이며, 무응답 편향의 위험을 평가하기 위한 기존의 연구는 거의 없는 실정이다.

대신에 다른 간접적인 방법으로 무응답 위험도를 평가하고 있다. 이러

6) 본 연구는 한국복지패널 자료를 분석하여 패널의 대표성을 평가한 내용으로 손창균(2015)과 조태경, 손창균(2015)의 내용을 중심으로 가구 및 개인 패널의 대표성을 평가한 원고임을 밝힌다.

한 측면에서 응답률(response rate)은 무응답 편향의 위험과 조사자료의 품질을 평가하는 주요한 지표로 사용되었다(Biemer & Lyberg, 2003). 그러나 응답률에 대한 정의는 연구자들마다 다양하게 정의하고 있다.

기본적으로 높은 응답률일수록 낮은 무응답 위험이 있음을 가정한다. 이러한 이유로, 지난 10여 동안 조사에서 응답률의 하락으로 인한 무응답 편향의 위험에 관해 많은 관심을 갖게 했다(de Leeuw, de Heer, 2002). 그러나 이러한 기본 가정하에서 무응답 편향이 응답률(또는 응답 성향)과 관심변수에 대해 응답자와 무응답자 간의 차이의 함수이기 때문에 실제로 응답률의 감소는 무응답 편향을 증가시킨다. 그러나 응답률은 무응답 증가로 인한 잠재적인 오차를 측정하기 위한 지표로서는 충분하지 않다. 왜냐하면 표본의 크기가 큰 대규모 조사의 경우 MSE(Mean Square Error)에서 편향의 제곱은 분산에 지배되기 때문에 무응답 편향을 나타내기에는 부적절한 척도이다(Schouten, Shlomo & Skinner, 2011). 더욱이 응답률을 평가하기 위한 대부분의 최근 연구에서 높은 응답률이 나타남에도 불구하고 무응답 편향은 감소되지 않았다(Curtin, Presser & Singer, 2000; Keeter, Miller, Kohut, Groves & Presser, 2000).

조사 자료에 대한 무응답 위험도 평가를 위해 Grove와 Peytchva (2008)는 59개의 특정한 무응답 편향에 관한 메타 분석을 통해 응답률이 높다 하더라도 무응답 편향이 축소되지 않음을 지적하였다. 이들은 무응답률과 무응답 편향 간의 관계를 300여 개의 통계량을 통해 이들 간의 관계가 낮음을 밝힘으로서 자료 수집 과정을 모니터링하거나 사후 조사 조정을 위한 하나의 도구로서 응답률을 사용하는 것은 비효율적임을 제시하였다.

이러한 관점에서 최근의 조사연구자들은 조사자료의 무응답 편향의 위험에 따른 조사자료의 대표성을 평가하기 위한 새로운 척도를 찾고자 노력하였다. 그러나 극히 소수의 연구만이 이러한 대체 척도의 유용성에 관해 언급하였다. 더욱이 조사연구자들이 궁금해 하는 한 가지 중요한 의문점은 이러한 하나의 지표 또는 일련의 지표가 대표성을 평가할 수 있는가이다. 그럼에도 불구하고, 무응답 편향의 위험에 따른 자료의 대표성을 평가하는 일련의 지표를 통해 다양한 해석이 가능할 것으로 사료된다.

종단조사의 경우 횡단조사와는 달리 초기에 구축된 표본이 시간이 흐를수록 조사 무응답이 지속적으로 증가하며, 이 경우 단순히 응답률만으로 자료의 대표성을 평가하는 것은 한계가 있다.

실제로 이러한 대표성 평가의 대상이 되는 자료는 횡단면적 조사 자료에 초점이 있지만, 본 연구에서는 종단면적 조사에 초점을 맞추어 평가하고자 하며, 종단면 조사이지만 횡단적 관점에서 평가함으로서 웨이브별 대표성을 평가하도록 하였다.

본 연구에서는 무응답 위험도를 평가하는 척도를 이용하여 가구 및 개인패널의 관점에서 종단연구의 일종인 패널조사에서 패널 탈락에 따른 무응답 편향의 증가에 따른 패널자료의 대표성을 평가하고, 이와 더불어 신규 패널의 추가에 대한 적정한 시점을 평가할 수 있는 도구로 활용이 가능할 것으로 기대한다.

1. 대표성 평가를 위한 지표[7)]

가. 응답률(Response Rate)

조사 자료의 응답률은 엄밀히 평가하고자 한다면 표본으로 선정된 개

7) 대표성 평가 척도의 내용은 손창균(2015)의 연구 보고서, '2015 한국 여성가족패널 표본보완을 위한 연구보고서' 내용을 참고하여 작성한 내용이다.

체에 대해 조사 불가능, 부재, 부적격 등의 다양한 원인으로 무응답이 발생할 수 있기 때문에 이러한 원인들을 응답률에 포함시켜야 한다. 이러한 기준은 초기 표본을 어떻게 정의하는가에 따라 IGEN98(Interagency Group on Establishment Nonresponse), BLS(Bureau of Labor Statistics), Census Bureau, BCS(Bethlehem, Cobben & Schouten, 2011), OMB 등의 다양한 기준이 존재한다.

응답률은 대표성을 평가하기 위한 척도이며, 평균의 의미로서 다른 척도에 비해 유용한 정보를 제공한다. 표본 크기를 n이라 하고, R_i를 표본에 있는 i번째 단위에 대해 응답지시변수라 하자.

$$R_i = \begin{cases} 1, & i\text{번째 단위가 응답한경우} \\ 0, & \text{그 외} \end{cases}$$

그러면 응답률(response rate: RR)은 다음과 같다.

$$RR = \frac{\sum_{i=1}^{n} R_i}{n} = \frac{n_r}{n}.$$

이러한 응답률은 응답률이 높을수록 표본자료의 대표성이 높다고 볼 수 있으나, 응답자의 조사변수와 공변량과 같은 다양한 정보를 이용하지 않으며, 조사환경이 반영되지 않는다는 단점을 가지고 있다(손창균, 2015). 또한 종단면 자료의 경우 초기 표본을 기준으로 각 조사 차수별 응답표본에 대한 비율로 응답률을 산정하기 때문에 차수가 지속될수록 응답률은 떨어지는 것이 일반적인 현상이다. 이러한 관점에서 적절한 규모의 응답률은 경험적으로 판단할 수밖에 없는 한계점이 있다.

나. 부차그룹 응답률의 변동계수

부차그룹(subgroup) 응답률 변동계수는 부차그룹 응답률의 요약된 척도로서 이 척도는 서로 다른 부차그룹 간에는 서로 다른 응답률을 가진다는 가정하에서 응답자와 무응답자에 대한 보조정보(층화변수)를 이용하여 계산된다(손창균, 2015). 이러한 측면에서 부차그룹 응답률의 변동계수(coefficient of variation: CV)는 응답률의 수준 차이가 높을수록 무응답 편향의 위험이 높아짐을 의미하기 때문에 이 값의 변동이 클수록 대표성은 떨어진다고 볼 수 있다(손창균, 2015).

RR_k를 전체 K개의 부차그룹으로부터 k번째 부차그룹의 응답률이라 하고, 이들은 n_k개의 표본으로 구성된다. 그러면 부차그룹 응답률의 변동계수는 다음과 같다.

$$CV(RR_{sub}) = \frac{\sqrt{\frac{1}{K-1}\sum_{k=1}^{K}(RR_k - RR)^2}}{RR}.$$

이 척도는 부차그룹을 어떻게 형성하는가에 따라 대표성 척도가 좌우되며, 따라서 조사변수와 관련이 있는 보조정보를 이용하여 적절한 규모의 부차그룹을 형성하는 것이 중요하다(손창균, 2015).

가구 또는 개인정보의 경우 거주 지역, 가구주 성별, 가구주 연령, 가구주 교육수준, 가구원 수 등이 부차그룹을 형성하는 보조정보로 활용이 가능하다.

다. 무응답 가중치의 분산

무응답을 다루기 위한 방법 중 하나는 앞에서 설명한 두 척도와 같은 방법으로 보조정보를 이용하여 구성된 무응답 조정 셀(nonresponse adjustment cell)이라 하는 부차그룹 내에 있는 무응답자들을 보상하기 위해 응답자들에게 가중치를 부여하는 것이다(Song, 2014; Park, Kang, Kim, 2013).

주어진 무응답 조정 셀에 대해 무응답 가중치는 해당 셀의 응답률의 역수로서 $w_{nr,k} = (RR_k)^{-1}$이다. 따라서 이전의 척도와 마찬가지로 이러한 가중치의 변동이 클수록 무응답 편향의 위험도는 증가하게 되므로, 자료의 대표성은 떨어지게 된다(손창균, 2015). n_r 개의 응답 수와 K개의 무응답 조정 셀을 가정하고, 각각은 n_k개의 응답자들에 대해 무응답 가중치의 분산(Var)은 다음과 같다.

$$V(w_{nr}) = \frac{1}{n_r - 1} \sum_{k=1}^{K} \sum_{i=1}^{n_k} (w_{nr,ki} - \overline{w}_{nr})^2,$$

여기서 $\overline{w}_{nr} = \frac{1}{n_r} \sum_{k=1}^{K} \sum_{i=1}^{n_k} w_{nr,ki}$이다.

이 척도는 무응답 조정 셀의 규모를 결정하는 것이 중요한데, 주로 무응답 가중치를 조정할 때 사용한 부차그룹을 이용하게 된다.

라. 사후층화 가중치의 분산

무응답 조정을 위한 또 다른 방법으로 사후층화(poststratification) 방법이 있다. 이 방법은 무응답 조정 셀의 모집단 크기 N_k들이 기지(known)

라고 가정하고, 사후층화 가중치는 $w_{ps,k} = N_k/n_k,\ k = 1,\cdots,K$이며, 여기서 n_k는 k번째 조정 셀에 있는 응답자들의 수이다. 비록 무응답과 사후층화 무응답 가중치 간의 명확한 관계는 없지만, 이러한 가중치들의 변동이 클수록 무응답 편향의 위험은 커지며 결과적으로 대표성은 감소하게 된다. 따라서 또 다른 하나의 지표로서 가중치의 분산(V(w))은 다음과 같이 주어진다.

$$V(w_{ps}) = \frac{1}{n-1}\sum_{k=1}^{K}\sum_{i=1}^{n_k}(w_{ps,ki} - \overline{w}_{ps})^2,$$

여기서 $\overline{w}_{ps} = \frac{1}{n_r}\sum_{k=1}^{K}\sum_{i=1}^{n_k} w_{ps,ki}$이다.

사후층화 가중치 분산의 경우 무응답 가중치 조정 후 최종적으로 모집단 층의 정보를 이용하여 가중치를 조정하게 되며, 이때 산출된 사후층화 가중치의 분산을 이용하게 된다. 따라서 본 연구에서 사후층화 가중치는 가구와 개인패널의 조사 차수별로 산정된 표준화 횡단면 가중치를 이용하여 분산을 구하도록 하였다.

마. 무응답 가중치와 조사변수 간의 상관계수

Little과 Vartivarian(2005)은 무응답 조정 효과가 무응답 조정에 사용된 보조변수와 관련이 있는 조사변수와 응답 성향에 사용된 조사변수에 의존함을 보였다. 무응답 가중치와 조사변수 간의 상관계수(correlation coefficient: Corr)를 무응답 효과 평가에 사용할 수 있다. 결과적으로 관심변수와 가중치 간의 상관관계가 높을수록 대표성은 감소하게 된다.

y를 조사변수라 하면, 조사변수와 무응답 가중치 간의 상관계수는 다음과 같이 정의할 수 있다.

$$Corr(w_{nr}, Y) = \frac{\sum_{k=1}^{K}\sum_{i=1}^{n_k}(w_{nr,ki} - \overline{w}_{nr})(y_{ki} - \overline{y})}{\sum_{k=1}^{K}\sum_{i=1}^{n_k}(w_{nr,ki} - \overline{w}_{nr})^2 \sum_{k=1}^{K}\sum_{i=1}^{n_k}(y_{ki} - \overline{y})^2}.$$

무응답매체(nonresponse mechanism)가 MAR(missinq at random)인 경우 조사변수와 무응답 조정 가중치 간의 상관관계가 높게 나타난다. 이러한 특성을 반영한 척도로서 상관계수가 클수록 표본의 대표성은 낮아진다고 볼 수 있다.

바. 응답성향점수 예측을 위한 로지스틱 회귀의 곡선영역

응답률 또는 부차그룹 응답률은 조사 문항에 응답하기 위해 선택된 응답자의 확률인 응답성향(reponse propensity)을 추정하는 데 있어 대략적인 추정치로 간주할 수 있다. 따라서 앞에서 언급한 무응답 가중치의 일반화된 형태로서 주어진 공변량을 이용하여 응답자들의 응답성향을 예측하기 위해 이항 변수에 대해 로지스틱 모형과 같은 통계 모형을 사용한다(손창균, 2015). 이와 같이 예측된 응답성향점수의 역수를 무응답 가중치로 사용할 수 있다. 따라서 이러한 측면에서 로지스틱 회귀모형의 예측력을 무응답 편향에 대한 하나의 지표로 사용할 수 있다(손창균, 2015). AUC(Area Under the Curve)는 이항변수에 대한 C통계량이 하나의 척도가 된다.

$$c = (n_c + 0.5(t - n_c - n_d))/t,$$

여기서 n_c는 concordant, n_d는 discordant, t는 tie를 나타낸다.

이 값의 범위는 0.5~1.0이며 AUC 값이 높을수록 예측력이 높으며, 결과적으로 1에 가까울수록 예측력은 높아지며, 대표성은 떨어진다(손창균, 2015).

사. 대표성 지표(R-indicator)

Schouten, Cobben, Bethlehem(2009)은 조사의 품질을 나타내는 척도로서 예측 응답성향점수의 변동성을 사용하는 방법을 제안하였다. 기본적인 개념은 만일 예측된 응답성향점수가 변동성이 크지 않다면, 응답자와 무응답자 간에 구별되는 응답과 특성들 간의 연관성이 낮을 것이며, 따라서 무응답 편향의 위험이 낮을 거라는 것이다. 이러한 개념은 MCAR(missing completely at random) 또는 MAR(missing at random) 상황과 유사하다. 또 다른 측면에서 만일 예측된 응답성향점수 간의 변동성이 크다면 응답자와 무응답자 간의 차이를 나타내는 응답변수들 간의 관계가 높을 것이며 이는 무응답 편향의 위험이 큼을 의미한다(손창균, 2015). 이러한 개념으로 다음과 같은 R-지표를 제안하였다.

$$R(\rho) = 1 - 2S(\rho),$$

여기서 $S(\rho) = \sqrt{\frac{1}{N-1}\sum_{i=1}^{N}(\rho_i - \bar{\rho})^2}$, $\bar{\rho} = N^{-1}\sum_{i=1}^{N}\rho_i$ 으로서 각각은

응답성향점수의 표준편차와 평균이다.

이 값의 범위는 0~1 사이로서 대표성이 높을수록 큰 값을 갖게 된다.

아. 결측 정보의 비(FMI)

FMI(Fraction of Missing Information)는 결측자료와 다중 대체 이론에서 개발된 것으로 결측 단위에 대해 대체된 값에 관한 불확실성의 측도이다(Dempster et al, 1977; Rubin 1987; Kim, Park, Oh, 2008). 보다 정확히 말해서 대체값들 간의 변동성에 의해 설명된 조사 추정치의 총 분산의 비율이다. Wagner(2010)는 수집된 자료를 검토하기 위해 조사품질 척도로서 FMI를 이용할 것을 제안하였다. 기본적인 개념은 만일 FMI가 크면 무응답자들의 대체값에 대한 불확실성이 큼을 의미하며 따라서 무응답 편향의 위험도가 커지기 때문에 대표성은 감소한다. FMI를 추정하기 위한 가장 직접적인 방법은 각각의 다중 대체된 데이터 세트에 대해 $\hat{\theta}_m$에 의해 모수 θ 를 추정하는 모형하에서 무응답자들에 대해 결측자료를 M개 다중 대체한 것으로 FMI 추정치는 다음과 같다.

$$\hat{\gamma}=\frac{\left(1+\frac{1}{M}\right)V_B(\hat{\theta})}{V(\hat{\theta})}$$

여기서 $V_B(\hat{\theta})=\sum_{m=1}^{M}(\theta_m-\overline{\theta}_m)^2/(M-1)$는 대체 데이터 세트 간의 분산이며, $\overline{\theta}_m=\sum_{m=1}^{M}\hat{\theta}/M$은 M개의 대체값들을 이용한 추정치의 평균이고, $V(\hat{\theta})=V_w(\hat{\theta})+((M-1)/M)V_B(\hat{\theta})$은 추정치의 총 분산이며, $V_w(\hat{\theta})=\sum_{m=1}^{M}V_m(\hat{\theta})/M$은 대체값 내 분산으로서 M개의 대체 데이터 세트를 사용하여 구한 M개의 추정치의 분산 $V_m(\hat{\theta})$의 평균이다.

FMI 값은 무응답률이 높을수록 큰 값21을 가지게 되며, 결과적으로 대표성은 낮아지게 된다.

2. 한국복지패널의 대표성 수준

앞에서 제시한 8가지의 대표성 평가 지표에 대해 복지패널 2~11차 웨이브의 가구 및 개인패널자료에 대해 지표를 산출하였다.

앞에서 기술한 바와 같이 1차 웨이브에서 구축된 원패널을 기준으로 대표성을 평가하였으며, 8차 웨이브에서 새롭게 투입된 신규 패널은 기존의 패널과 기준 시점이 다르기 때문에 별도로 대표성을 평가하였다.

가. 가구패널

가구패널은 1차 웨이브에서 구축된 7,072가구를 기준으로 11차 웨이브까지 패널에 남아 있는 원패널 가구에 대해 복지패널 2~11차 웨이브의 가구 자료를 이용하여 대표성 지표를 산출하였다.

〈표 3-16〉 원패널 가구의 웨이브별 대표성 지표

지표	2차 wave ('06)	3차 wave ('07)	4차 wave ('08)	5차 wave ('09)	6차 wave ('10)	7차 wave ('11)	8차 wave ('12)	9차 wave ('13)	10차 wave ('14)	11차 wave ('15)
RR	0.92	0.87	0.84	0.80	0.75	0.75	0.72	0.69	0.67	0.64
CV	0.07	0.13	0.18	0.22	0.26	0.29	0.32	0.35	0.37	0.39
$Var*10^{-2}$	0.0001	0.0006	0.0017	0.0048	0.0174	0.0407	0.0986	0.9823	0.9824	0.431
V(w)	0.438	0.559	0.570	0.590	0.644	0.839	0.798	0.811	0.845	0.871
Corr	0.36	0.40	0.44	0.42	0.30	0.36	0.38	0.38	0.25	0.21
AUC	0.666	0.675	0.666	0.656	0.65	0.641	0.636	0.625	0.619	0.618
$R(\rho)$	0.913	0.855	0.840	0.824	0.803	0.810	0.806	0.811	0.814	0.810
FMI	0.037	0.061	0.205	0.156	0.065	0.345	0.209	0.324	0.273	0.108

〈표 3-16〉으로부터 1차 웨이브를 기준으로 2~11차 웨이브까지의 각 지표를 산출한 결과 응답률(RR)은 2차 웨이브의 0.92에서 11차 웨이브의 0.64로 약 28% 감소하였고, 8차 웨이브까지 70% 수준을 유지하다가 9차 웨이브에서 60%대로 떨어져, 응답률을 기준으로 볼 때 9차 웨이브가 패널의 추가 시점으로 평가된다.

다음으로 부차그룹 응답률의 변동계수(CV)는 2차 웨이브 7%에서 11차 웨이브 39%로 증가하였으며, 5차 웨이브와 8차 웨이브에서 20%대와 30%대로 증가 폭이 상승하는 시점으로 나타났다. 변동계수의 크기를 기준으로 평가할 때 20%대에서 30%대로 변환되는 시점인 8차 웨이브가 신규 패널을 투입하는 시점으로 평가된다.

부차그룹의 응답률 역수로 계산된 응답 가중치의 분산(Var)은 2차 웨이브의 0.0001에서 11차 웨이브의 0.431로 증가하여 대표성은 낮아짐을 알 수 있다(단, 다른 지표와 척도의 크기를 맞추기 위해 100으로 나눈 값으로 비교하였다). 이 척도를 기준으로 판단할 때 분산이 급격히 증가하는 시점인 9차 웨이브가 신규 패널을 추가하는 시점으로 평가된다.

한편 사후 가중치의 분산(V(w))은 가구패널의 웨이브별 표준 가중치를 기준으로 평가하였으며, 증가 폭이 가장 큰 부분은 6차 웨이브에서 7차 웨이브 간(0.195)으로, 대표성이 가장 떨어지는 시점인 7차 웨이브가 신규 패널을 투입하는 시점으로 평가된다.

다음으로 가중치와 관심변수 간의 상관계수 변화를 살펴보면 2차 웨이브 0.36에서 5차 웨이브의 0.42로 증가하며, 다시 6차 웨이브에서 0.30으로 감소하며, 이후 지속적으로 증가하다가 다시 10차 웨이브에서 0.25로 감소여 11차 웨이브에서는 0.21로 감소하고 있다. 상관계수의 증가 폭을 기준으로 판단할 때 상관계수의 증가 폭이 가장 큰 시점인 7차 웨이브가 신규 패널의 투입 시점으로 평가되며, 웨이브가 지속될수록 상관계수가 낮아지면 대표성이 높다고 평가되기 때문에 8차 웨이브 이후 안정화되고 있음을 나타내고 있다.

응답성향점수의 C통계량인 AUC는 2차 웨이브 0.666에서 11차 웨이브 0.618로 감소하여 예측력은 낮아지며 반대로 대표성은 높아지는 추세를 보이고 있다. C-통계량의 감소 폭이 가장 둔화되는 시점이 신규 패널을 투입하는 시점이 됨으로 7차 웨이브가 적합한 시점으로 판단된다.

응답성향점수에 기반한 R-지표의 경우 2차 웨이브 0.913에서 11차 웨이브 0.810으로 감소 추세를 보이나, 4차 웨이브 이후 감소 폭이 둔화되어 대표성 감소의 위험도는 낮아지고 있음을 나타내고 있다. 감소 폭이 가장 큰 시점으로는 6차 웨이브이며, 이후 감소 폭이 작게 나타나고 있어 R-지표를 기준으로 볼 때 이 시점이 신규 패널을 추가하는 시점으로 평가된다.

마지막으로 다중 대체 방법에 기반 한 통계량으로 FMI는 2차 웨이브 0.037에서 11차 웨이브 0.108로 증가하였으며, 증가 폭이 상대적으로 큰 시점으로는 4, 7차 웨이브로 나타났으며, 10차 웨이브 이후 감소하는 것으로 나타났다. FMI 기준으로 볼 때 7차 웨이브가 신규 패널 투입 시점으로 평가된다.

앞에서 언급한 바와 같이 다양한 대표성 지표를 이용하여 한국복지패널의 가구패널 자료에 대한 대표성을 평가하였고, 지표별로 평가할 때 증가하거나 감소하는 방향성이 지표별로 다르게 나타나기 때문에 하나의 지표를 통해 대표성을 평가하기란 어려움이 있다. 그러나 몇 가지 지표에서는 의미 있는 결과를 도출할 수 있었는데, 특히 패널의 대표성이 급격히 저하되는 시점이 7차 또는 9차 웨이브로 나타나고 있으며, 이 중에서 7차 웨이브의 지표가 다른 시점의 지표보다 낮게 나타나 결과적으로 신규 패널의 투입 시점을 7차 웨이브로 판단할 수 있다.

[그림 3-36] 원패널 가구의 웨이브별 대표성 지표 비교

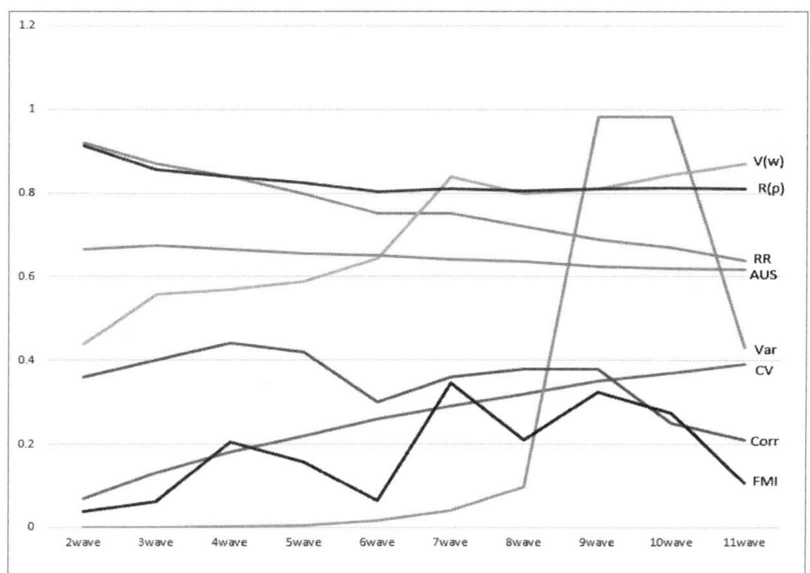

나. 개인패널

개인패널은 원패널 가구를 기준으로 패널 가구의 가구원을 개인 원패널로 고려하였으며, 2차 웨이브에서 11차 웨이브까지 8가지 대표성 지표를 산정하여 개인 원패널의 대표성을 평가하였다.

〈표 3-17〉 개인 원패널의 웨이브별 대표성 지표

지표	2차 wave ('06)	3차 wave ('07)	4차 wave ('08)	5차 wave ('09)	6차 wave ('10)	7차 wave ('11)	8차 wave ('12)	9차 wave ('13)	10차 wave ('14)	11차 wave ('15)
RR	0.90	0.83	0.79	0.74	0.69	0.67	0.64	0.61	0.58	0.55
CV	0.04	0.08	0.11	0.15	0.19	0.21	0.25	0.28	0.30	0.33
Var	0.002	0.007	0.015	0.027	0.048	0.069	0.097	0.140	0.199	0.294
V(w)	0.484	0.528	0.546	0.604	0.679	1.033	0.912	0.915	0.936	0.991
Corr	0.352	0.372	0.409	0.345	0.238	0.376	0.380	0.381	0.247	0.226
AUC	0.611	0.614	0.607	0.605	0.607	0.595	0.589	0.58	0.573	0.572
R(ρ)	0.93	0.89	0.88	0.86	0.84	0.86	0.86	0.87	0.88	0.88
FMI	0.055	0.348	0.081	0.061	0.255	0.264	0.349	0.244	0.200	0.227

앞서 제시한 표로부터 개인 원패널의 응답률은 2차 웨이브 90%에서 11차 웨이브 55%로 약 35%포인트가 낮아진 것으로 나타났으며, 응답률이 70% 이하로 떨어진 시점인 6차 웨이브가 신규 패널을 투입하는 시점으로 평가된다.

다음으로 부차그룹 응답률의 변동계수(CV)는 2차 웨이브 4%에서 11차 웨이브 33%로 증가하였으며, 7차 웨이브와 10차 웨이브에서 20%대와 30%대로 증가 폭이 상승하는 시점으로 나타났다. 변동계수의 크기를 기준으로 평가할 때 30%대로 변환되는 시점인 10차 웨이브가 신규 패널을 투입하는 시점으로 평가된다.

부차그룹의 응답률 역수로 계산된 응답 가중치의 분산(Var)은 2차 웨이브의 0.002에서 11차 웨이브의 0.294로 증가하여 대표성은 낮아짐을 알 수 있다. 이 척도를 기준으로 판단할 때 분산이 급격히 증가하는 시점인 7차 웨이브가 신규 패널을 추가하는 시점으로 평가된다.

한편 사후 가중치의 분산(V(w))은 개인 원패널의 웨이브별 표준가중치(p_wcs)를 기준으로 평가하였으며, 2차 웨이브에서 0.484, 7차 웨이브에서 1.033으로 증가하다가 8차 웨이브에서 0.912로 감소하고 있다. 이러한 측면에서 증가 폭이 가장 큰 7차 웨이브가 신규 패널 투입 시점으로 평가된다.

〔그림 3-37〕 개인 원패널의 웨이브별 대표성 지표 비교

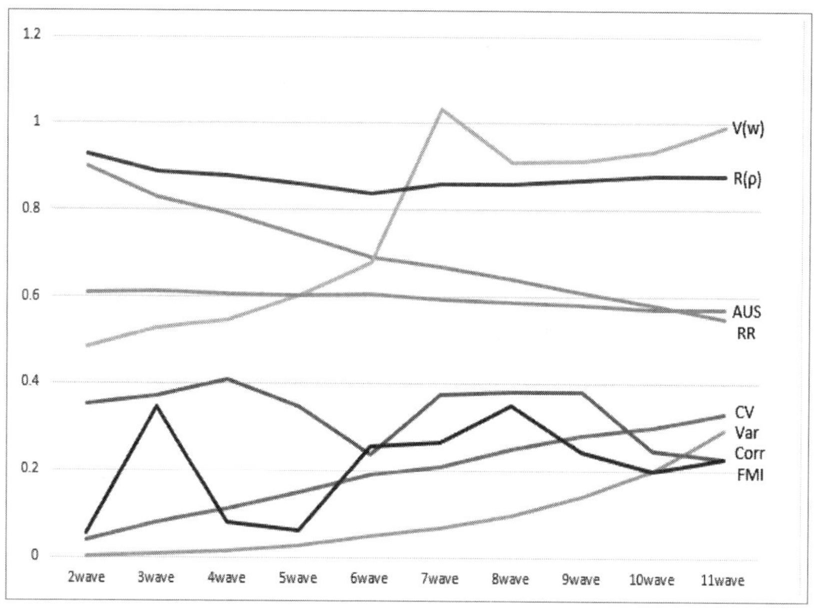

다음으로 가중치와 관심변수 간의 상관계수 변화를 살펴보면 2차 웨이브 0.352에서 4차 웨이브의 0.409로 증가하며, 다시 6차 웨이브까지 0.238로 감소하며, 이후 지속적으로 증가하다가 다시 10차 웨이브에서 0.247로 감소하여 11차 웨이브에서는 0.226으로 감소하고 있다. 상관계수의 증가 폭을 기준으로 판단할 때 상관계수의 증가 폭이 가장 큰 시점인 7차 웨이브가 신규 패널의 투입 시점으로 평가되며, 웨이브가 지속될

수록 상관계수가 낮아지면 대표성이 높다고 평가되기 때문에 9차 웨이브 이후 안정화되고 있음을 나타내고 있다.

응답성향점수의 C통계량인 AUC는 2차 웨이브 0.611에서 11차 웨이브 0.572로 감소하여 가구패널과 같은 추세로 예측력은 낮아지며 반대로 대표성은 높아지는 추세를 보이고 있다. C-통계량이 감소하다가 증가되는 시점이 신규 패널을 투입하는 시점이 되므로 6차 웨이브가 적합한 시점으로 판단된다.

응답성향점수에 기반한 R-지표의 경우 2차 웨이브 0.93에서 11차 웨이브 0.88로 감소 추세를 보이나, 3차 웨이브 이후 감소 폭이 둔화되어 대표성 감소의 위험도는 낮아지고 있음을 나타내고 있다. 감소 폭이 가장 큰 시점으로는 6차 웨이브이며, 이후 감소 폭이 작게 나타나고 있어 R-지표를 기준으로 볼 때 이 시점이 신규 패널을 추가하는 시점으로 평가된다.

마지막으로 다중 대체 방법에 기반 한 통계량으로 FMI는 2차 웨이브 0.037에서 11차 웨이브 0.108로 증가하였으며, 증가 폭이 상대적으로 큰 시점으로는 3, 6, 8차 웨이브로 나타났으며, 9차 웨이브 이후 감소하는 것으로 나타났다. FMI 기준으로 볼 때 6차 웨이브가 신규 패널 투입 시점으로 평가된다.

3. 한국복지패널 중 신규 패널의 대표성

한국복지패널의 신규 패널은 7차 웨이브에서 약 1,800가구를 신규로 투입하여 패널을 보완하였다. 이러한 작업을 통해 패널의 탈락으로 발생하는 횡단적 대표성을 보완하고, 종단적으로는 기존의 원패널과 신규 패널 간의 비교 가능성 등을 통해 패널 분석의 효과성을 기대할 수 있다. 따라서 본 절에서는 기존의 원패널과 신규 패널이 동시에 출현하는 7차 웨이브를 기준('11)으로 11차 웨이브까지('15) 가구와 개인패널의 대표성을 앞에서와 같은 차원에서 분석하였다.

가. 가구패널

본 절에서의 분석 대상은 가구패널은 7차 웨이브에서 기존의 원가구 및 2~7차 웨이브 사이에 새롭게 패널 가구로 편입된 가구를 비롯하여 7차 웨이브에서 신규 패널로 구축된 가구를 모두 포함한다. 이는 앞의 3.2절에서 분석한 1차 웨이브 이후 지속적으로 패널에 남아 있는 원가구 패널 5,271가구와 2~6차까지 신규로 들어온 482가구 중에서 7차에 응답한 가구와 마지막으로 7차 웨이브에서 신규로 구축된 패널 1,800가구 등을 포함한 규모이다.

7차 웨이브를 기준으로 응답한 패널 가구는 7,532가구이며, 이 규모는 1차 웨이브 원패널의 7,072 가구를 초과하기 때문에 앞서 3.2절에서 분석한 응답률에서는 7차 웨이브에서 신규로 투입된 가구는 제외한 것이다. 7차 웨이브를 기준으로 8~11차 웨이브까지의 응답률은 〈표 3-18〉과 같이 제시되어 있다.

전체적으로 응답률은 약 90% 수준을 유지하고 있으며, 특히 지역별로는 호남권(=7)의 응답률이 100%를 초과하는 경우도 발생하며, 이러한 현상은 연령대에서도 발생하고 있다. 원패널 가구의 응답률이 특히 낮았던 범주 중의 하나는 가구주의 연령대가 20대 이하였는데, 신규 패널 투입으로 이러한 현상이 완화되었고, 특히 1차 웨이브 이후 약 10년간의 패널 유지로 인해 신규 가구 가구원의 연령대가 응답 대상으로 편입되는 경우가 발생한 영향으로 보인다.

〈표 3-18〉 신규 가구패널의 웨이브별 응답 규모

변수	웨이브	7차 wave	8차 wave	9차 wave	10차 wave	11차 wave
전체		7,532	7,312	7,048	6,914	6,723
지역	1	1,132	1,066	1,030	996	940
	2	1,510	1,479	1,414	1,392	1,367
	3	1,312	1,261	1,238	1,211	1,181
	4	1,002	976	928	910	885
	5	694	630	598	588	562
	6	590	580	555	552	532
	7	1,292	1,320	1,285	1,265	1,256
성별	남	5,301	5,112	4,873	4,722	4,550
	여	2,231	2,200	2,175	2,192	2,173
가구원 수	1인	2,010	2,000	1,990	2,017	2,030
	2인	2,422	2,319	2,237	2,193	2,123
	3인	1,275	1,244	1,187	1,114	1,084
	4인	1,323	1,275	1,192	1,157	1,099
	5인 이상	502	474	442	433	387
교육 수준	초졸 이하	2,683	2,575	2,467	2,398	2,311
	중졸 이하	1,008	985	953	929	916
	고졸 이하	2,083	2,034	1,952	1,903	1,830
	대졸 이상	1,758	1,718	1,676	1,684	1,666
연령대	20대 이하	170	143	108	113	130
	30대	922	841	777	688	599
	40대	1,335	1,255	1,167	1,149	1,095
	50대	1,312	1,284	1,244	1,215	1,167
	60대	1,413	1,290	1,222	1,186	1,157
	70대 이상	2,380	2,499	2,530	2,563	2,575

주: 1) 지역 1=서울, 2=경기/인천, 3=부산/울산/경남, 4=대구/경북, 5=대전/충남, 6=충북/강원, 7=광주/전남/전북/제주
2) 원패널과 신규 패널을 포함한 규모임.

지역별로는 서울 지역 및 충청 지역의 응답률이 상대적으로 낮게 나타나고 있으며, 가구원 수의 경우 1인 가구의 비율이 10차 웨이브이후 높아지고 있음을 보여주며, 상대적으로 4인 이상 가구의 응답률이 낮아지고 있다. 가구주 교육수준에서는 대졸 이상의 응답률이 지속적으로 유지되고 있으며, 상대적으로 고졸 이하의 응답률이 낮아지고 있다.

가구주의 연령대에서는 30대 이하의 응답률이 다른 연령대에 비해 낮

아지고 있으며, 20대 이하의 응답률이 급격히 낮아지다가 11차 웨이브에서 다시 76%로 높아짐을 볼 수 있다. 〈표 3-20〉과 〔그림 3-20〕은 신규 가구가 투입된 7차 웨이브를 기준으로 대표성을 평가한 결과를 보여주고 있다.

〈표 3-19〉 신규 가구패널의 웨이브별 응답률

변수 \ 웨이브		7차 wave	8차 wave	9차 wave	10차 wave	11차 wave
전체		7,532	0.97	0.94	0.92	0.89
지역	1	1,132	0.94	0.91	0.88	0.83
	2	1,510	0.98	0.94	0.92	0.91
	3	1,312	0.96	0.94	0.92	0.90
	4	1,002	0.97	0.93	0.91	0.88
	5	694	0.91	0.86	0.85	0.81
	6	590	0.98	0.94	0.94	0.90
	7	1,292	1.02	0.99	0.98	0.97
가구주 성별	남	5,301	0.96	0.92	0.89	0.86
	여	2,231	0.99	0.97	0.98	0.97
가구원 수	1인	2,010	1.00	0.99	1.00	1.01
	2인	2,422	0.96	0.92	0.91	0.88
	3인	1,275	0.98	0.93	0.87	0.85
	4인	1,323	0.96	0.90	0.87	0.83
	5인 이상	502	0.94	0.88	0.86	0.77
가구주 교육수준	초졸 이하	2,683	0.96	0.92	0.89	0.86
	중졸 이하	1,008	0.98	0.95	0.92	0.91
	고졸 이하	2,083	0.98	0.94	0.91	0.88
	대졸 이상	1,758	0.98	0.95	0.96	0.95
가구주 연령대	20대 이하	170	0.84	0.64	0.66	0.76
	30대	922	0.91	0.84	0.75	0.65
	40대	1,335	0.94	0.87	0.86	0.82
	50대	1,312	0.98	0.95	0.93	0.89
	60대	1,413	0.91	0.86	0.84	0.82
	70대 이상	2,380	1.05	1.06	1.08	1.08

주: 1) 지역 1=서울, 2=경기/인천, 3=부산/울산/경남, 4=대구/경북, 5=대전/충남, 6=충북/강원, 7=광주/전남/전북/제주
2) 원패널과 신규 패널을 포함한 규모로서 7차 웨이브를 기준으로 산정함.

〈표 3-20〉 신규 가구패널의 웨이브별 대표성 지표(7차 웨이브 기준)

지표	8차 wave ('12)	9차 wave ('13)	10차 wave ('14)	11차 wave ('15)
RR	0.97	0.94	0.92	0.89
CV	0.043	0.084	0.090	0.101
Var	0.002	0.013	0.013	0.015
V(w)	0.765	0.778	0.808	0.829
Corr	0.314	0.286	0.205	0.179
AUC	0.602	0.574	0.578	0.576
R(ρ)	0.97	0.956	0.938	0.928
FMI	0.013	0.020	0.039	0.057

7~11차 웨이브까지 신규 패널 가구의 대표성을 평가한 결과 모든 지표에서 매우 안정적으로 나타나고 있으며, 웨이브의 경과 기간이 짧기 때문에 앞에서 평가한 원패널 가구의 대표성보다는 매우 높게 평가되고 있다. 〔그림 3-38〕로부터 R-지표, 응답률, 분산(V(w))은 웨이브가 경과할수록 낮아지는 경향을 보이며, AUC는 9차 웨이브 이후 안정적으로 나타난다. 상관계수(corr)는 웨이브가 경과할수록 대표성이 높아지는 경향을 보이며, CV, FMI, Var 등은 시간이 경과함에 따라 증가함으로 인해 대표성 지표는 낮아지는 경향을 보이고 있으나, 이러한 값들의 증가 폭은 매우 작기 때문에 7차 웨이브를 기준으로 판단할 때 표본의 신규 투입이 패널의 대표성 확보에 기여했음을 보여주고 있다.

[그림 3-38] 신규 가구패널의 웨이브별 대표성 지표 비교

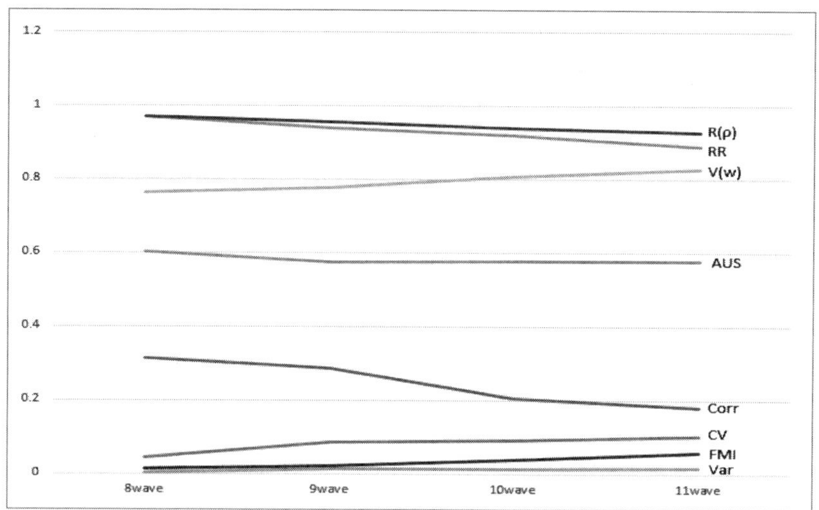

나. 개인패널

7차 웨이브 기준의 개인패널 규모는 1만 8,622명이며, 이 규모는 1차 웨이브 기준의 개인 원패널 1만 8,856명과 유사한 규모이다. 가구패널과 마찬가지로 2~7차까지 응답한 개인 및 그 사이에서 신규로 진입한 개인과 7차 웨이브에서 신규 가구의 투입으로 대상이 되는 개인을 모두 포함한 인원수이다.

신규 개인패널의 응답률을 〈표 3-21〉에서 살펴보면 8차 웨이브에서 지역별로는 호남권, 가구원 수에서는 1인 가구, 가구주 연령대는 70대 이상에서 응답률이 100%를 상회하는 것으로 나타나며, 가구패널과 마찬가지로 11차 웨이브를 기준으로 85% 이상의 응답률을 보이고 있다. 한편 가구원 수에서는 가구패널과 같이 1인 가구의 응답률이 10차 웨이브 이후 100%를 상회하고 있는데, 이러한 현상은 복지패널 가구의 가구원들의 분가로 인해 1인 가구의 응답률이 높은 것으로 사료된다. 7~11차 웨

이브 전체에 대한 응답률을 파악해 보면 웨이브 기간이 짧은 게 원인일 수도 있지만, 전체적으로 응답률이 가구패널에 비해 높게 나타나고 있음을 볼 수 있다. 한편 70대 이상의 개인패널들의 응답률이 상대적으로 높아지고 있는 현상은 앞에서도 언급한 바 있지만, 패널 가구의 가구원들의 고령화 현상으로 보이며, 교육수준별로 볼 때 대졸 이상의 응답률이 높게 나타나고 있는 것이 특징적이다.

〈표 3-21〉 신규 개인패널의 웨이브별 응답 규모

변수 \ 웨이브		7차 wave	8차 wave	9차 wave	10차 wave	11차 wave
전체		18,622	17,984	17,134	16,664	15,989
지역	1	2,927	2,756	2,597	2,486	2,308
	2	4,030	3,952	3,797	3,711	3,598
	3	3,154	2,996	2,882	2,785	2,683
	4	2,322	2,211	2,080	2,036	1,953
	5	1,735	1,588	1,500	1,467	1,379
	6	1,416	1,379	1,295	1,257	1,187
	7	3,038	3,102	2,983	2,922	2,881
성별	남	8,546	8,215	7,816	7,576	7,267
	여	10,076	9,769	9,318	9,088	8,722
가구원 수	1인	2,010	2,000	1,989	2,017	2,030
	2인	4,844	4,638	4,475	4,386	4,246
	3인	3,825	3,732	3,561	3,342	3,252
	4인	5,292	5,100	4,768	4,628	4,396
	5인 이상	2,651	2,514	2,341	2,291	2,065
교육 수준	초졸 이하	7,120	6,702	6,238	5,938	5,567
	중졸 이하	2,411	2,360	2,287	2,196	2,086
	고졸 이하	4,770	4,650	4,418	4,315	4,188
	대졸 이상	4,321	4,272	4,191	4,215	4,148
연령대	20대 이하	5,396	5,123	4,743	4,583	4,353
	30대	2,310	2,165	2,013	1,832	1,680
	40대	2,525	2,423	2,305	2,278	2,177
	50대	2,254	2,198	2,146	2,101	2,015
	60대	2,509	2,291	2,130	2,042	1,995
	70대 이상	3,628	3,784	3,797	3,828	3,769

주: 1) 지역 1=서울, 2=경기/인천, 3=부산/울산/경남, 4=대구/경북, 5=대전/충남, 6=충북/강원, 7=광주/전남/전북/제주

2) 주: 원패널과 신규 패널을 포함한 규모임.

가구원 수별로 볼 때 4인 이상 가구의 개인들의 응답률이 상대적으로 낮은 반면에 1인 가구의 응답률이 높아지고 있는데, 이러한 현상은 4인 이상 가구의 가구원들이 분가하면서 1인 가구로 편입되는 현상에 기인한 것으로 보인다.

〈표 3-22〉 신규 개인패널의 웨이브별 응답률

변수	웨이브	7차 wave	8차 wave	9차 wave	10차 wave	11차 wave
전체		18,622	0.97	0.92	0.89	0.86
지역	1	2,927	0.94	0.89	0.85	0.79
	2	4,030	0.98	0.94	0.92	0.89
	3	3,154	0.95	0.91	0.88	0.85
	4	2,322	0.95	0.90	0.88	0.84
	5	1,735	0.92	0.86	0.85	0.79
	6	1,416	0.97	0.91	0.89	0.84
	7	3,038	1.02	0.98	0.96	0.95
성별	남	8,546	0.96	0.91	0.89	0.85
	여	10,076	0.97	0.92	0.90	0.87
가구원 수	1인	2,010	1.00	0.99	1.00	1.01
	2인	4,844	0.96	0.92	0.91	0.88
	3인	3,825	0.98	0.93	0.87	0.85
	4인	5,292	0.96	0.90	0.87	0.83
	5인 이상	2,651	0.95	0.88	0.86	0.78
교육수준	초졸 이하	7,120	0.94	0.88	0.83	0.78
	중졸 이하	2,411	0.98	0.95	0.91	0.87
	고졸 이하	4,770	0.97	0.93	0.90	0.88
	대졸 이상	4,321	0.99	0.97	0.98	0.96
연령대	20대 이하	5,396	0.95	0.88	0.85	0.81
	30대	2,310	0.94	0.87	0.79	0.73
	40대	2,525	0.96	0.91	0.90	0.86
	50대	2,254	0.98	0.95	0.93	0.89
	60대	2,509	0.91	0.85	0.81	0.80
	70대 이상	3,628	1.04	1.05	1.06	1.04

주: 1) 지역 1=서울, 2=경기/인천, 3=부산/울산/경남, 4=대구/경북, 5=대전/충남, 6=충북/강원, 7=광주/전남/전북/제주
2) 원패널과 신규 패널을 포함한 규모로서 7차 웨이브를 기준으로 산정함.

〈표 3-23〉 신규 개인패널의 웨이브별 대표성 지표

지표	8차 wave ('12)	9차 wave ('13)	10차 wave ('14)	11차 wave ('15)
RR	0.97	0.92	0.89	0.86
CV	0.030	0.049	0.066	0.085
Var	0.001	0.003	0.005	0.009
V(w)	0.86	0.86	0.89	0.94
Corr	0.352	0.342	0.233	0.181
AUC	0.576	0.565	0.559	0.555
R(ρ)	0.971	0.954	0.946	0.937
FMI	0.007	0.026	0.035	0.098

신규 가구원 패널에 대한 대표성 평가 결과는 〈표 3-23〉과 〔그림 3-21〕에 제시되어 있다. 전체적으로 신규 가구패널과 유사하게 대표성이 확보된 것으로 나타나고 있다. 7차 웨이브 기준으로 응답률은 86% 이상으로 나타났으며, 응답률의 변동계수 또한 웨이브별로 3~8.5%로 안정적인 경향을 보이고 있으며, 분산(V(w)) 또한 매우 낮게 나타나며, 사후 가중치의 분산 또한 증가 추세가 안정적으로 나타났다. 상관계수(corr)는 7차 웨이브 이후 감소하여 대표성이 높아지는 현상을 보이며, AUS 또한 0.576에서 0.555로 대표성이 점차 높아지며 R-지표는 0.971에서 0.937로 약간 감소하는 경향을 보이지만 대표성이 높은 것을 볼 수 있다. 마지막으로 FMI는 결측으로 인한 분산증가를 나타내는 지표로서 8차 웨이브 0.007에서 11차 웨이브 0.098로 증가 폭이 크기는 하지만 절대 수준으로 볼 때 높은 수준이 아니기 때문에 신규 패널 투입으로 인해 안정적으로 나타나고 있다.

[그림 3-39] 신규 개인패널의 웨이브별 대표성 지표 비교

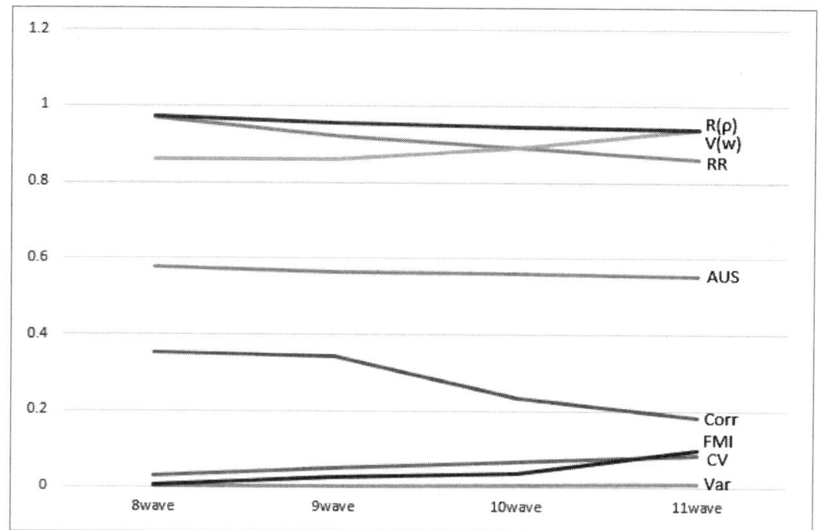

제3절 표본과 가중치 개선 방안

1. 분석결과 요약

본 연구에서는 한국복지패널의 대표성 평가를 위해 8가지 지표를 이용하여 원패널과 신규 패널로 구분하여 분석하였다. 대표성 지표는 보통 횡단적 측면에서 평가되지만, 종단적 조사와 같은 패널조사에서는 웨이브별로 패널 대상자의 탈락으로 인해 패널 표본이 감소함으로 인해 발생할 수 있는 위험도를 평가하는 데 쓰이는 지표이기도 하다. 이러한 측면에서 웨이브별로 패널 탈락에 따른 패널자료의 대표성을 지속적으로 평가함으로써 보다 객관적인 기준을 제시하고, 이와 더불어 원패널에 대한 신규 패널의 효과성을 평가하여 이용자들로부터 보다 신뢰성 높은 자료를 제

공하고자 하였다.

본 연구에서 분석한 결과로부터 가구패널과 개인패널로 구분하여 대표성을 평가하였다. 먼저 원가구 패널의 경우 패널의 대표성이 급격히 저하되는 시점이 7차 또는 9차 웨이브로 나타나고 있으며, 이 중에서 7차 웨이브의 지표가 다른 시점의 지표보다 낮게 나타나 결과적으로 신규 패널의 투입 시점을 7차 웨이브로 판단할 수 있다.

한편 신규 패널이 투입된 시점에서부터 11차 웨이브까지의 대표성을 평가한 결과 각 지표들이 매우 안정적으로 나타나고 있어 7차 웨이브에서 신규 패널을 투입한 것은 적절한 것으로 평가되었다. 이와 더불어 개인 패널의 측면에서는 가구 패널과 일부 지표에서 상이한 패턴이 나타나긴 하였으나, 7차 또는 9차 웨이브가 패널을 추가하는 시점으로 평가되었다. 결과적으로 한국복지패널의 대표성 평가 결과 신규 패널의 투입 시점까지인 7차 웨이브 근방에서 지표의 변동이 크게 발생하여 7차 웨이브에서 신규 패널이 투입되었다. 그 이후 패널의 대표성 측면에서 안정적으로 구축되었다. 하지만 패널 역사가 길어지면서 다시 대표성 지표가 악화될 가능성은 남아 있다.

2. 개선 과제

표본의 대표성을 높이기 위한 사후적 방식으로 단기적으로는, 원패널과 통합패널(원표본 + 신규 표본 포함)에 대한 종단면 분석, 횡단면 분석이 가능하도록 원패널, 통합패널로 구분하여 데이터 및 가중치를 제공하고자 한다.

원표본과 신규 표본 통합 시 통합 시점의 모집단을 대표할 수 있는 가중치 산출 방안은 다음과 같다. 원표본에 부여된 가중치를 w_0, 신규 표본에 부여된 가중치를 w_n로 정의할 때, 두 표본의 통합으로 작성되는 통합 패널의 기초 가중치는 상수 $0 < c_0 < 1$을 이용하여 다음과 같이 정의한다.

$$w_c = \begin{cases} c_0\, w_0 & : \text{원표본} \\ c_n\, w_n = (1 - c_0)\, w_n & : \text{신규 표본} \end{cases}$$

여기에서 상수 c_0는 원표본과 신규 표본의 상대 표본 크기를 고려하여 산정한다. 상수 c_0, c_n 관계에 의해 원표본과 신규 표본에 공통적으로 적용된 보정(calibration) 성질은 통합패널에도 충족되며 통합패널에 추가적인 조건을 부여하기 위해서는 w_c를 조정하는 과정을 추가해야 할 것이다.

추후 신규 표본 추가 시, 신규 표본에 대한 특성을 자세히 기술하고, 원표본과의 특성을 제시하여 데이터에 대한 이해도 제고하여야 한다. 신규 패널 구축 시 고려사항으로 새로운 표본설계 및 가중치 산정 과정이 필요하고, 기존의 패널설계와 다른 패널설계도 고려해 보아야 한다. 그리고 기존의 원패널 특성과 신규 패널 특성의 이질성을 최소화할 수 있도록 패널 소실분에 대한 표본 추가 방법에 대한 연구도 필요하다.

패널조사에서 제일 중요한 부분은 표본이탈에 대한 관리라고 할 수 있다. 표본이탈은 발생할 수밖에 없지만 이탈률을 줄일 수 있는 노력을 해야 한다. 이를 위해서는 앞에서 살펴본 가중치 변화 분석을 통해 어떤 층에서 표본이 이탈되어 가중치에 영향을 미치는지 확인해 보아야 한다. 일부 특정 층에서 이탈이 많아지면 편향이 생겨 종단 분석 시 영향을 주게 된다. 지표 분석을 통해 무응답 또는 표본이탈이 어느 정도 발생하는지를 수치적으로 파악하여 관리하도록 하여야 한다. 따라서 중장기적으로 이탈률, R-지표 분석 결과를 바탕으로 추가 표본 배정 시기를 정하도록 해야 한다. 가중치 변화 분석으로 종단면적 대표성을 살펴보고 R-지표 분석으로 횡단적 측면에서 대표성을 평가할 수 있다. 이와 관련된 표본 및 가중치 부분의 심층분석을 하여 보고서를 주기적(2년)으로 발간하는 것도 검토할 만하다.

패널조사는 횡단적 대표성뿐만 아니라 종단적 분석 가능성을 동시에 만족할 수 있는 패널설계가 중요하다. 현재 한국복지패널은 고정형 및 개방형 패널로서 1차 웨이브 이후 패널 지속에 따른 패널 탈락이 지속적으로 일어나기 때문에 이용자들로부터 패널의 대표성에 의문이 제기될 수 있다. 이러한 관점에서 현재 패널의 대표성을 보다 개관적인 지표로 제시함으로써 이용자들로부터 보다 높은 신뢰성을 담보할 수 있도록 해야 할 것이다.

제 4 장 패널조사의 방식

제1절 패널조사 운영체계

제2절 조사 방식의 현황과 이슈

제3절 설문의 구성과 소요 시간

제4절 조사 방식 개선 방안

4 패널조사의 방식

본 장은 한국복지패널의 조사 운영 방식의 객관적 상황을 진단하고, 그 개선 방안을 찾는 것을 목적으로 한다. 한국복지패널이 10년의 역사를 가지는 과정에서 조사 방식에서 다양한 운영 개선이 이뤄졌으나, 그것이 적절하였는가와 향후에도 지속 가능한 방식인지에 대해서는 의문의 여지가 있다. 이에 따라 조사 운영 방식에 대한 핵심 사안을 정리하고, 이를 객관적으로 진단할 필요가 있다. 핵심적인 연구 문제는 크게 세 가지로 정리할 수 있다.

첫째, 현재 한국복지패널의 조사 운영 방식의 타당성을 진단하는 것이다. 특히 조사 운영 방식 중 조사의 일선 수행주체와 관련된 사안을 검토한다. 한국복지패널 조사는 2014년부터 도급 방식으로 진행하고 있다. 그에 따른 문제 진단이 필요하다.

둘째, 조사 방식 중 주요 수단 두 가지 CAPI 방식과 인포시트(Infosheet) 방식에 대하여 점검하였다. CAPI 시스템은 도입된 시점으로부터 일정 시간이 경과하였으며 이와 대비되는 새로운 방식으로 웹 방식도 논의되고 있어 현 상황에 대한 진단이 필요하다. CAPI 시스템의 운영 방식은 누가 이 체계를 운영하는가 또는 주체의 전환 과정에서 발생하는 문제를 제외하면 조사의 질적 수준에는 크게 영향을 미치지는 않는다. 하지만 외부 운영의 CAPI 방식이 조사 운영에 영향을 미친다는 점에서 CAPI 운영 전반을 진단하면서, 개선의 여지는 없는지 확인할 필요가 있다. 인포시트의 활용은 조사의 질적 수준에 영향을 준다. 그래서 한국복지패널 조사 과정에서 제공하는 인포시트의 내용이 적절한지 파악이 필요하다. 조사 과정에서 인포시트를 활용하면 가구원 변화와 같은 복잡한 질문을 간단하게 처리할 수 있는 장점이 있다. 그러나 인포시트에 지나치게 의존할 경우 전년도 조사에 근거한 답변을 얻을 확률도 높아지는 문제를 가진다.

셋째, 설문지의 구성을 살펴볼 것이다. 설문지의 구성은 조사 목적에 의하여 정하여진다. 이 장에서는 설문지의 구성이 조사의 부담을 너무 가중시키지 않는지 여부를, 특히 조사 소요 시간을 중심으로 살펴보았다. 조사 시간은 표본유지 및 조사의 정확성에도 영향을 주는 매우 중요한 요소이다. 조사 시간이 무조건 짧다고 바람직한 것은 아닐 것이다. 조사의 목적이 달성되는 수준에서 시간효율성을 고려하여야 할 것이다. 따라서 조사 문항 중 분석에 활용되기 어려운 수준의 응답률을 확보하였거나 또는 거의 활용되지 않는 문항이 있는지, 이러한 문항이 조사에 주는 부담이 어느 정도이며 이를 완화할 수 있는지를 중심으로 살펴보았다.

제1절 패널조사 운영체계

1. 조사 운영 방식에 대한 문제 제기

한국복지패널은 2006년 1차 조사에서는 한국갤럽이 보유한 면접원 풀에서 패널조사 유경험자 등을 우선하여 선발하고, 한국보건사회연구원에서는 조사지도원 18명이 참여하는 방식을 선택하였다(김미곤 등, 2006, pp. 37-38). 2007년 2차 조사부터 2013년 8차 조사까지 한국보건사회연구원 내 조사팀을 운영하면서, 조사원을 일용직으로 채용하여 조사하였다. 2007년 조사에서는 조사원 80명이 지도원 1인, 조사원 3인으로 구성된 팀 단위로 활동하였으며(김미곤 등, 2007, p. 83), 2008년 조사에서는 조사원 68명이 활동하였다(김미곤 등, 2008, p. 97).[8] 조사원의 직접 채용은 초기 조사에서 조사의 질을 높이기 위해 한국보건사회연구원의 조사지도원을 파견하는 방식(김미곤 등, 2006, p. 69)을 취하였기 때문이다.

[그림 4-1] 한국복지패널 조사 운영 체계

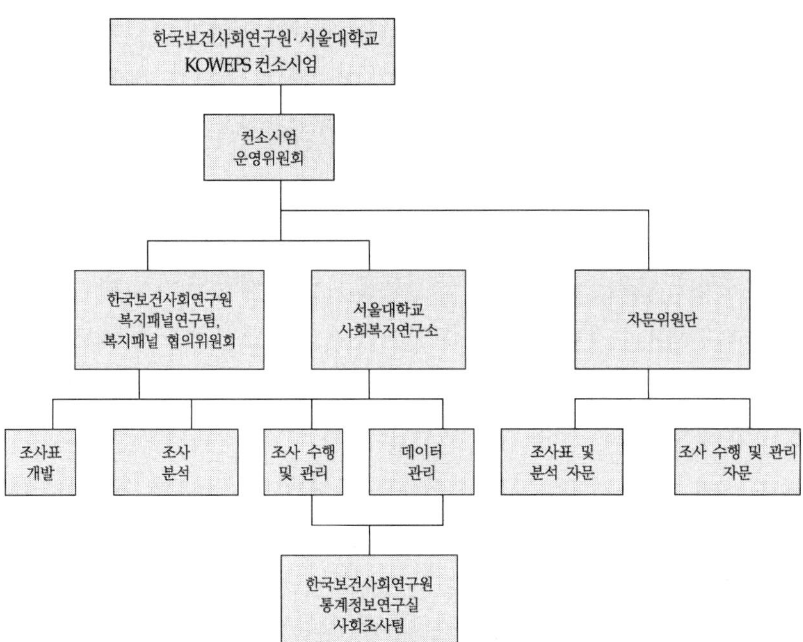

조사원의 직접 채용 방식은 설문 문항에 대한 조사원의 높은 이해도에는 긍정적으로 작용하였다. 조사가 거듭되면서 이 방식은 조사원과 대상가구의 관계 형성이 표본손실을 예방하는 효과도 가져온 것으로 평가되고 있다. 조사원의 고용 방식은 일정 정도의 변화를 하여 왔지만 조사를

8) 활동조사원의 수는 조사마다 조금씩 다르다.

외부 조사기관에 의뢰하기보다 연구원에서 직접 조사에 관여하는 방식을 우선하여 왔다. 이 방식은 주로 전국적인 조사팀을 구성하는 방식이었고 당연히 지역으로 조사팀의 이동을 전제로 하는 방식이었다. 그러나 이러한 방식은 조사의 지속 가능성에 대한 의문을 가지게 한다. 한국복지패널은 소득 파악, 각종 복지제도의 수급 여부 및 수급 금액을 확인하는 등 조사 난이도가 높은 조사에 속한다. 이에 따라 신규 조사원의 진입 장벽이 높다. 이 때문에 조사원의 고령화에 대한 우려가 높아지고 있다. 민간 조사업체에서는 자체 조사원이 어느 정도 숙련도를 가지고 있다고 판단될 때, 난이도 높은 조사에 투입할 수 있다. 그러나 한국복지패널이 취하고 있는 조사 방식에서는 조사원의 새로운 충원과 훈련이 쉽지 않다.

조사 방식에서는 지역팀의 구성에 대한 장단점 평가와 도입 확대 검토가 필요하다. 조사 이동 시간을 줄이고 조사원-응답자의 안정적인 관계를 유지하기 위하여 지역조사팀이 고안되었다. 지역조사팀은 특정 조사팀이 특정 지역을 담당하는 것을 의미한다. 현재 지역조사팀이 구축되지 않은 지역에 대한 조사는 여러 전국 조사팀이 해당 지역을 담당하는 형태이다. 예를 들어, 2016년 경기도 지역에는 모두 8개 팀이 조사에 참여하였다. 물론 특정한 전국 조사팀은 해당 지역을 다른 조사팀보다 더 많이 담당할 수 있다. 지역조사팀이 구축되는 경우에는 해당 지역을 특정한 조사팀이 거의 대부분 담당한다. 그러나 이 경우에도 지역조사팀이 해당 지역을 100% 담당하지는 못한다.

조사 완료 시점을 맞추기 위해서는 다른 지역을 앞서 종료한 조사팀의 투입이 필요하다. 또한 지리적으로 매우 떨어진 도 지역 간 경계지역은 다른 도 지역 조사팀의 투입이 바람직한 경우도 있다.

향후에는 각 지역에 지역 조사팀이 구축되어 해당 지역의 표본 가구와 관계를 유지하고 안정적 조사를 하도록 하는 것이 바람직할 것이다. 지역

조사팀 운영은 조사 경비의 절약에도 기여하여 효율적인 조사 방식으로 선호될 만하다. 다만 조사 질의 지역 차이를 줄이는 노력이 병행되어야 하고 일부 지역은 지역 특성상 지역 조사팀의 조사 대상 구성에서 융통성을 갖도록 하여야 할 것이다.

지금까지 한국복지패널의 조사팀 운영에서 고려되었던 몇 가지 사항과 우려되는 사항은 다음과 같다. 첫째, 복지패널의 일정한 조사 종료 시점을 확보할 필요가 있다. 조사 과정에서 특정 지역은 조사 사례 수가 많거나, 조사 난이도가 높을 수 있다. 이에 따라 보다 많은 조사원이 투입될 필요가 있다. 지역별로 조사 투입 인력의 탄력성을 확보할 수 있어야 한다. 특히, 패널조사는 조사 가구의 이전 등에 따라 원거리 조사가 발생할 수밖에 없다. 둘째, 복지패널 조사의 난이도를 고려할 때 숙련된 조사원의 투입이 필요하다. 지역별로 특정 지역에는 숙련된 조사원이 투입되고, 다른 지역에서는 그렇지 않을 경우에는 조사 종료 시기를 일치시키기 어렵다는 점과 더불어서 조사의 질에 대한 의구심도 제기될 수 있다. 셋째, 조사원의 고령화에 대한 우려가 있다. 복지패널 조사지도원의 연령은 만 50세부터 60세에 분포하고 있다. 지도원들이 복지패널 초기 조사부터 참여했음을 고려하면, 빠르게는 30대 후반부터 복지패널을 담당해 왔음을 알 수 있다. 그러나 조사원 중에서 가장 젊은 그룹도 40대 중반에 있다. 복지패널 조사원의 적절한 교체를 준비하여야 하는 시점이다. 다섯째, 조사 경비의 문제가 있다. 이는 지역조사팀 구축에 대한 논의에서 설명한 바와 같이 비용 효과적인 조사 방식, 대안에 대한 검토도 필요하다.

한국복지패널 조사 운영을 민간에 위탁할 경우에 위 각각의 사항을 진단해 보면 다음과 같다. **첫째, 조사원의 투입량을 지역별로 달리하여 종료 시점을 동일하게 하는 것이 가능하다.** 즉, 조사원의 운영 방식에 있어서 업체의 자율적 관리라는 장점을 활용할 수 있다. 이러한 자율적 관리는 조사원의 고령화라는 문제에도 대응할 수 있다. 그러나 이 경우에는 조사원의 집중, 몰입 가능성 확보를 위해서 난이도 수준에 맞는 조사 단가 책정이 필요할 것이다.

민간에 위탁하는 경우에 대한 우려도 있다. 첫째, 복지패널의 난이도를 고려하면 민간 위탁 과정에서 발생할 혼란이 우려된다. 조사 개요, 목적에 따라 조사 대상자의 복지급여 수급 여부 및 수급 금액에 대한 상세한 조사가 이뤄질 수 있을지 의문이다. 그러나 이 경우에도 초기의 혼란은 시간이 경과함에 따라 해소될 것이다. 둘째, 숙련된 조사원의 투입이 가능할 것인지에 대한 의문이 제기된다. 물론 이 경우에도 조사업체와의 계약 단계에서 숙련된 조사원의 투입을 별도로 요청할 수 있을 것이다.[9]

〈표 4-1〉 패널조사 운영 방식의 비교

부분	전국 조사팀	지역조사팀	외부 위탁
조사 종료 일치	총 사례를 고려하여, 조사 대상 가구 대비 조사원 투입	‘총 사례를 고려하여, 조사 대상 가구 대비 조사원 투입’ + 부족분에 대한 타 조사팀 활용 또는 타 지역에 대한 조사 추가 투입	조사업체의 조사원 탄력 투입
숙련 조사원 투입	난이도 높은 지역에 숙련 조사원 투입	- 대안 없음	- 대안 없음
조사원 도급 총액 확보	전국 단위로 지역 배치	해당 지역 종료 후 타 지역 추가 조사 투입	- 해당 없음
조사원 노쇠화	- 대안 없음	지역조사팀 자체의 개발 노력에 의존	업체의 인력 개발
조사경비	- 이동 경비 발생	- 이동 경비 축소	- 이동 경비 최소화

9) 외부 위탁의 형태로 조사를 운영하고 있는 한국노동패널의 경우가 이에 해당한다. 별도로 숙련된 조사원의 투입을 계약 내용에 포함하지 않고, 구체적 성과를 제시하는 방식을 취하고 있다.

조사원의 이동 경비를 최소화한다는 장점, 한 번 담당하였던 지역을 다시 담당한다는 점에 따라 조사원과의 라포 형성이 유리하다는 점에서 큰 장점을 가지고 있는 지역조사팀 운영의 경우에도, 이러한 형태의 장점은 외부 위탁 조사에서도 동일하게 확보할 수 있다. 즉, 지역조사센터를 운영하는 민간 조사업체의 이동 경비에는 지역 간 이동비용이 포함되지 않기 때문에 비용을 최소화할 수 있다. 또한 지역조사센터를 운영하기 때문에 조사원이 변경되지 않는다면 해당 지역을 다시 담당하게 된다.

지금까지 언급하지는 않았으나 외부 위탁 방식에서 조사원 교체의 우려가 있을 수 있다. 물론 이 경우에도 전년도 투입 조사원의 일정 비율 이상 투입을 계약 조건으로 함으로써 우려를 불식시킬 수 있다. 또한, 조사원 교체에 따른 우려의 문제는 현재 복지패널의 운영 방식에서도 동일하게 제기되는 문제이다.

2. 조사원 운영 방식에 대한 진단

가. 지역별 조사원 변화 현황

한국 복지패널에서 지도원, 조사원이 전년도와 동일하게 해당 지역을 담당하지 못하는 경우가 다수 발생하고 있다, 즉 동일 조사 대상 가구에 대해 다른 면접원이 투입되는 경우가 발생한다.

이와 같은 문제를 극복하기 위한 한 방안이 지역조사팀의 운영이다. 현재와 같이 특정 지역의 담당 조사원 변화가 크다는 것은 조사원과의 라포 형성에 문제가 있다. 특히 복지패널의 조사원 변화가 크다면, 자체적인 조사 운영의 이점을 유지하기 어렵다. 조사원의 변화가 어느 정도였는지를 확인하고자 한다.

다음 〈표 4-3〉은 전국 242개 시·군·구 단위(일반시 지역의 행정구 단위도 별도로 구분함)에 투입된 조사원과 지도원의 교체 비율을 제시하고 있다[10]. 예를 들어, 강원도 강릉시에 특정 조사원 A가 다음 연도에도 조사를 실시하였으면 '일치'에 해당한다. 2016년에는 전년도에 투입되었던 조사팀(지도원 기준)이 해당 지역에 다시 투입되는 비율이 72.31%에 이르고 있다. 조사원 3, 4는 순서대로 새롭게 변경된 조사원이기 때문에 불일치 비율이 높을 수밖에 없다. 반대로 살펴보면, 2015년과 2016년 조사에서 지도원 1인과 조사원1, 조사원2는 100% 동일한 팀을 이루고 있음을 알 수 있다.

〈표 4-2〉 한국복지패널 2015년(10차), 2016년(11차) 지도원 및 조사원 변동 현황

구분	일치		불일치	
	지역 수	비율(%)	지역 수	비율(%)
지도원	178	73.6	64	26.4
조사원1	178	73.6	64	26.4
조사원2	178	73.6	64	26.4
조사원3	142	58.7	100	41.3
조사원4	67	27.7	174	71.9

10) 극단적으로는 동일한 가구에 동일한 조사원이 투입되었느냐를 평가할 수 있다. 그러나 해당 평가의 실익이 크지 않다는 점에서 여기서는 제외한다.

〈표 4-3〉 한국복지패널 2016년(11차) 지역별 지도원 및 조사원 일치 현황

(단위: %)

구분	지도원	조사원1	조사원2	조사원3	조사원4
강원	69	72	72	57	28
경기	77	77	77	60	6
경남	81	81	81	81	33
경북	78	78	78	39	48
광주	100	100	100	100	100
대구	38	38	38	38	25
대전	60	60	60	60	0
부산	75	75	75	75	25
서울	84	84	84	60	36
세종	100	100	100	100	0
울산	100	100	100	100	0
인천	60	60	60	60	60
전남	68	68	68	32	32
전북	31	31	31	31	31
제주	100	100	100	0	100
충남	81	81	81	81	0
충북	79	79	79	57	0

지역별로 볼 때 불일치 비율이 높은 지역은 대구, 전북, 대전, 인천이다. 그 외 지역은 지역조사팀이 구축되는 단계에서 변화가 있었다. 이런 문제는 지역조사팀을 구축하는 과정이 완료되는 시점에서는 상당 부분 해결될 것으로 기대된다. 다만 이러한 혼란을 최소화하기 위해서는 가능하다면 짧은 기간 안에 지역조사팀을 구축하는 것이 필요하다. 현재는 과도기적 단계에 있어서 지역조사팀이 구축될 경우에 해당 지역을 담당하던 조사팀이 조사에서 이탈하게 되는 경우가 발생하고 있다. 이런 경우의 혼선을 피하기 위해서는 일시에 전국 각 지역에 대한 조사팀을 구축할 필요가 있다.

정리하자면 지금까지 한국복지패널에서 조사 지역 시·군·구의 70% 이상이 동일한 지도원 및 조사원이 조사를 한 것이라고 할 수 있다. 그리고 이러한 동일 지도원, 조사원의 전략은 앞으로 지역조사팀이 구축될수록

더욱 확보될 수 있을 것이라 판단된다.

나. 조사원 변화의 영향

2016년 조사에서는 전체 50명(지도원 포함)의 조사원 중에서 6명이 2015년 조사에 참여하지 않은 신규 조사원이었다. 조사원의 재참여율은 88%에 이른다. 이들 6명 중에서 3인은 2017년 조사에도 참여하였다. 조사원의 재참여율은 높은 수준이라고 할 수 있다. 어려운 조사임을 감안하면 조사원의 참여를 유지하는 비교적 강한 정책이 운영되고 있음을 시사한다.

신규 조사원의 조사 질에 대한 검토를 하여 보면 아래와 같다. 〈표 4-5〉는 한국복지패널의 여러 조사 항목 중에서 소득자료를 중심으로 두 집단을 비교한 것이다. 신규 조사원의 조사 결과가 기존 조사원 조사치에 비해서 낮은 수준이지만, 이들이 생계급여 수급가구를 더 많이 조사하였다는 점에서 뚜렷한 차이를 확인하기는 어렵다. 다만, 통계적으로 유의한 차이를 보이는 것은 총 생활비 수준이었다. 하지만 저소득층의 경우 생활비도 소득에 의하여 결정되는 경향이 강하므로 이 점도 조사의 숙련도, 질과 명확한 관련을 갖는다고 보기는 어렵다.

향후 신규 조사원의 영향을 정확하게 파악하려면 분석 대상 조사 시점을 늘려 정보를 축적하고 통제 변수도 확대하며 정확한 영향을 추려낼 수 있어야 할 것이다. 예를 들어 신규 조사원의 조사의 질이 모든 관련 변수의 영향을 배제하고도 기존 조사원의 그것과 상이한지, 그렇다면 원인이 무엇인지, 이 차이가 소멸되는 시점은 언제인지 등이 파악될 수 있어야 할 것이다.

〈표 4-4〉 신·구 조사원의 한국복지패널 2016년 조사 응답치 비교

구분	가구생성 차수	가구원 수	가처분 소득	경상소득	총 생활비	생계급여 총액	근로소득
기존 조사원	2.9	2.4	3,616	3,932	281	19.6	2,209
신규 조사원	3.0	2.4	3,321	3,616	264	23.4	2,116
차이 검증 (t-test)	-0.52	0.32	1.32	1.33	1.96*	-1.45	0.84

주: *, p<0.05

〈표 4-5〉 신·구 조사원에 따른 소득 및 지출 변화(2015년 대비 2016년)

구분		가처분소득		경상소득		생활비	
		비빈곤 가구	빈곤가구	비빈곤 가구	빈곤가구	비빈곤 가구	빈곤가구
기존 조사원 (5,698 case)	평균	431.6	-152.1	489.7	-155.1	22.5	-5.3
	표준편차	7,723	1,171	7,910	1,186	164	70
	최소값	-93,713	-28,444	-93,161	-28,444	-2,121	-840
	최대값	396,226	1,919	408,382	1,824	2,797	1,301
신규 조사원 (917 case)	평균	534.1	-603.7	563.9	-609.6	22.5	6.8
	표준편차	1,612	12,116	1,710	12,136	214	69
	최소값	-8,326	-244,321	-8,254	-244,741	-3,497	-302
	최대값	10,267	2,649	10,579	1,821	908	773

한국복지패널의 조사원 운영 방식은 동일 지역에 대한 동일 조사팀의 투입, 기존 조사원의 재투입률, 신규 조사원의 조사 품질에 대해서는 큰 문제를 발견하기 어렵다.

다만, 문제가 되는 것은 조사원의 고령화 문제이다. 특히 지도원의 고령화 문제에 대해서는 사전에 대처할 필요가 있다. 복지패널에 신규 조사원의 진입이 많지 않은 것은 단기간에는 바람직할 수 있어도 장기간에는

바람직하지 않다. 그러나 위탁도급의 방식에서는 신규 조사원을 양성하는 체계를 마련하기가 쉽지 않다. 복지패널과 같은 난이도 있는 조사에서는 신규 조사원의 경우에도 이미 상당한 조사 경력을 가지고 참여하고 있으므로, 이들이 지도원으로 성장할 수 있도록 지원하는 것이 필요하다. 그러나 현행 방식에서는 조사원의 내부 성장을 지원할 수 있는 방안이 뚜렷하지 않다. 그러므로 조사 위탁 과정 이외의 방식으로 조사원을 지도원으로 양성할 수 있는 체계를 갖춰야 한다.

3. 조사의 운영을 위한 개선 방안 논의

본 연구에서는 앞서 조사팀의 운영 과정에서 외부 위탁과의 장단점을 비교한 바 있다. 특히 위탁도급 방식의 경직성과 더불어 장래 조사원의 운영에 따른 문제를 고려할 때 외부 위탁의 필요를 반드시 부인할 필요는 없다. 이에 따라 외부 위탁에 따른 소요 비용과 더불어서 조사 과정 전반에 걸치는 장단점을 비교해 보고자 한다.

첫째, 조사비용은 외부 위탁이 더 저렴한 것으로 보인다. 외부 위탁 견적에서는 인건비를 고려하여 본 결과 현재의 투입 인력과 원내 관련 업무 수행자를 모두 고려하면 외부 위탁이 비용 면에서 비교열위라고 단정하기 어렵다.

둘째, 조사 기간은 외부 위탁 시 150일이 소요되는 것으로 추정되어, 업무위탁 도급계약 시의 100일에 비해서 약 50일 이상 추가되는 것으로 나타난다. 한국복지패널 조사의 경우에는 매해 연구과제 종료에 따라 조사 일정이 빠듯하다. 그러므로 조사 일정이 약 50일 추가되는 것은 심각한 문제라 할 수 있다. 그러나 외부 위탁의 경우에는 인건비를 추가하여, 조사원 투입을 늘림으로써 조사 기간을 단축할 수 있을 것이다. 그러나

이 경우에는 외부 위탁 방식이 총 비용에서 우위를 점할 수 없을 것이다.

비용의 문제를 고려하는 것이 크게 의미가 없다는 점에서 한국복지패널 조사를 외부 위탁할 경우의 장점은 조사원 수급에 대한 연구원 자체의 상시적 불안정성을 해소할 수 있다는 점, 연구원의 행정 업무 및 조사 관리 업무를 줄일 수 있다는 점에 있다. 그러나 조사업체의 조사원 수급 문제에 대해서 고려하지 않을 수 없으며, 민간업체의 데이터의 일관성·신뢰성 및 질적 제고에 대한 관리 기능을 상실할 가능성이 높다. 또한 복지패널의 경우에는 조사 과정뿐 아니라 데이터 자체에 대한 문의 또한 많은 편이어서 복지패널 운영과 관련한 행정 업무는 계속해서 발생할 수밖에 없다. 마지막으로 조사 진행 중 조사 진행 관련 일부 관여가 불가한 점을 고려하면, 조사 관리 업무도 완전하게 줄이기는 어렵다. 그러므로 한국복지패널을 현 단계에서 외부 위탁하는 방안은 조심스럽게 검토할 대안이라고 보기 어렵다.

그러므로 외부 위탁을 실시함으로써 얻을 수 있는 장점을 활용할 필요가 있다. 그중의 하나가 조사 과정에 대한 리뷰 목적의 사후 검증을 실시하는 것이다. 한국복지패널은 2014년부터 기존의 사후 검증을 체계화하는 방안으로 개선하였다. 조사 내용의 질은 조사 종료 후 에디팅, 데이터 에러 체크로 검증이 가능하므로 제외하였다. 사후 검증 문항은 주로 조사의 실제 수행 여부에 초점을 두고 방문 여부, 사전 연락의 실시 여부와 더불어, 조사답례품의 전달 여부, 조사원의 면접 태도에 대해 묻고, 응답자의 불만 및 건의 사항을 확인하는 것으로 구성된다. 2014년에는 조사 종료 후 조사가 완료된 패널 가구의 10%를 비례층화 방식으로 추출하여 사후 검증을 실시하였고, 2015년부터는 조사 진행 과정에 따라 2회에 나누어 실시하고 있다. 전화조사를 이용한 사후 검증 조사는 외부 위탁을 통해 실시하고 있다. 향후에는 사후 검증을 더 강화하여 일부 사례는 연구

진도 참여하여 사후 검증을 하도록 하고 검증 내용에 거부 여부, 거부의 이유 등도 함께 확인할 수 있도록 하는 방안을 제안하고자 한다.

한편 한국복지패널의 경우에는 장기적으로 조사 운영 방식의 개선을 검토할 필요가 있다. 외부 위탁의 형태로 운영하는 것을 장기 과제로 설정한다면, 중기 과제로는 조사원의 교육을 통한 지도원 양성을 들 수 있다.

마지막으로 한국복지패널의 외부 위탁을 장기적 관점에서 고려할 수 있다. 이때 전체 조사 집단을 위탁하는 것을 상정하기보다는 신규 패널의 경우에만 외부 위탁을 실시하는 방안도 있다. 한국복지패널의 표본이탈에 따라 신규 패널의 추가가 이루어질 경우, 외부 위탁의 가능성을 함께 고려해야 할 것이다.

제2절 조사 방식의 현황과 이슈

1. CAPI 방식에 대한 검토

가. CAPI 운영에 대한 문제 제기

한국복지패널 조사에서는 '컴퓨터를 이용한 대면면접조사'(CAPI: Computer Assisted Personal Interview) 방식을 택하고 있다. CAPI 조사 시스템은 조사가 종료되는 즉시 인터넷을 통해 자료를 전송할 수 있다는 점, 조사 과정에서 각종 정보자료를 보충하여 접할 수 있다는 장점을 가지고 있다.

그러나 CAPI 관리를 위한 비용이 소요된다는 점, CAPI 개발을 내주화함으로써 조사 실시 시기를 앞당길 수 있는 것 아닌가 하는 기대로 인해서 CAPI의 운영 방식 변경에 대한 논의도 계속되었다. 먼저 CAPI 관리는 외부 업체가 프로그래밍을 하는 방식이며, 이에 소요되는 비용에 대한 문제 제기가 있었다. 특히, 매해 거의 동일한 내용의 조사를 진행함에도 불구하고 프로그램 개발비용이 계속 발생하는 구조에 대한 문제 제기가 있었다. 다음으로 CAPI 개발 과정에 소요되는 일정이 약 2주 이상 소요되고 있다. 한국보건사회연구원의 한국복지패널 구축 사업의 연구 기간은 매해 1월 1일부터 12월 31일로 책정되어 있다. 그러므로 연구 기간의 시작 이전에 설문지를 수정·변경한다고 하더라도, 이를 CAPI 프로그래밍하는 별도의 계약 기간 설정이 필요하다. 이러한 프로그래밍 과정을 내부 연구진이 진행할 수 있다면, 실사 착수 시점을 앞당길 수 있다는 기대가 있다. 특히, 실사가 조기에 이뤄질수록 소득 등 과거 회상 질문의 정확성이 높아질 수 있다는 기대도 존재한다.

그러므로 CAPI 운영 방식의 현재 상황을 명확하게 진단하고, 다양한 개선 방안과 현재의 운영 방안을 객관적으로 비교 판단해 볼 필요가 있다.

나. CAPI 운영 일반 현황

CAPI 시스템은 설문지를 시스템에 구현하고, 그것을 지도원이 직접적으로 관리할 수 있게 하였다는 장점을 가진다. 〈표 4-7〉은 최근 CAPI의 주요 개선 사항을 제시하고 있다. 여기서 주목해야 할 것은 특히 CAPI 관리자의 기능이다. 예를 들어, 2016년에는 면접원과 지도원 간의 상호 소통의 기능이 추가되었다. 또한 개인정보 보호에 대한 필요성이 증가함에 따라 노트북 등 사용기기에 대한 관리 등도 개선되고 있다. CAPI 관리자 프로그램은 인포시트 출력, 면접원 등록, 실사 진행 사항의 확인, 리뷰 설문 출력 등을 할 수 있는 시스템으로 매해 개선이 이루어지고 있다.

이 방식을 유지하기 위해서는 별도의 서버가 운영되어야 하는데 한국복지패널의 경우에는 한국보건사회연구원의 자체 서버를 이용하고 있으며, 자체 서버를 이용함에 따라서 개인정보 보호와 관련한 문제로부터 상대적으로 강점을 가지고 있다.

다. CAPI 방식 개선에 대한 논의

국내에는 H-CAPI와 블레이즈 두 방식이 있다. 대부분의 국내 조사업체들도 자체 개발을 추진 중에 있다. 그러나 이러한 시스템의 경우에 국내 업체들이 타 조직에 라이선스를 주는 계약을 할지가 문제이다. 또한 라이선스를 준다고 하더라도 해당 조직 내 이 시스템을 충분하게 이해하는 전문가가 있어야 한다. 그렇지 않으면, 유지 보수 단계에서 또다시 높은 비용을 치러야 하는 문제가 있다.

내부에서 이 체계를 운영할 경우 프로그램 개발에 필요한 인력을 별도로 채용 또는 기존 인력에게 프로그램 개발 교육을 실시해야 한다. 프로그래밍이 완료되었더라도 설문 테스트를 실시하여야 한다. 마지막으로 CAPI가 작동되는 과정에서 발생할 수 있는 조사원의 문의 사항에 직접적으로 응대해야 한다. 즉, CAPI 운영 과정에서도 상시적으로 담당 인력이 배치되어 있어야 한다. 이러한 조건 구성과 일정, 비용 등이 종합적으로 고려된 중장기 계획으로 개선을 추진하여야 할 것으로 판단된다.

2. 인포시트 활용 현황과 과제

한국복지패널은 2차 조사부터 인포시트를 제공하고 있다. 조사 대상 가구당 1장씩 제공되는 인포시트는 이전 조사에서 파악된 가구의 기초 정보를 제공하였다. 따라서 인포시트는 가구 방문 시에 조사 대상 가구의 가구원 변동 사항을 파악하기 위한 절차에서 활용되었다.

〔그림 4-2〕 2007년(2차) 한국복지패널 가구용 인포시트

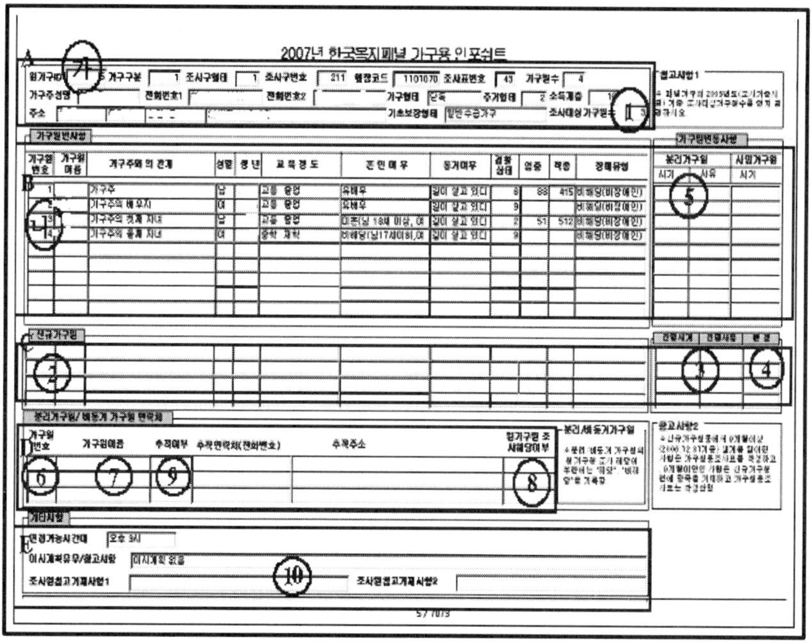

패널 ID, 전화번호, 주소를 포함한 가구 정보(A부분), 가구 일반사항, 가구원 변동사항(B부분), 신규 가구원 일반사항, 가구 진입 시기, 가구 진입 사유(C부분), 분리가구원 연락처 및 판정(D부분), 기타 사항(E부분)이 인포시트에서 제공되었다. 특히, 가구 정보인 A부분에서는 '일반가구, 저

소득가구'의 정보, 소득계층을 제공하고 있으며, 가구원 정보인 B부분에서는 가구원의 경제활동 상태, 업종, 직종에 대한 정보를 제공하고 있다.

복지패널 조사에서 인포시트는 5차 조사에서 신규 가구원에 대한 정보만 제공하고, 6차 조사에서는 기존 가구원 정보 중에서 교육수준, 장애 등급, 혼인 상태 등을 제외하였다. 그러나 다시 2012년 7차 조사부터는 가구원의 경제활동 상태, 업종, 직종 등의 정보를 제공하기 시작하였다.

이후 인포시트는 가구원의 일반 사항으로 가구주와의 관계, 성별, 생월, 부가조사 대상 여부, 경제활동 상태, 업종, 직종을 계속해서 제공하고 있다. 10차 조사(2015년)부터는 가구원의 교육수준을 추가로 제시하고 있다. 최종적으로 2017년 조사에서는 가구 정보에서 부가조사 대상 여부, 추가 패널 가구 여부, 맞춤형 급여 수급 여부, 가구 형태 및 소득계층 등의 정보, 가구원 정보(가구주와의 관계, 성, 생년, 생월, 교육수준, 경제활동 상태, 업종, 직종, 부가조사 대상 여부)가 제공되고 있다.

[그림 4-3] 2017년(12차) 한국복지패널 가구용 인포시트

<가구기본사항>

가구머지키	가구ID	가구 생성차수	가구 분리번호	11차조사여부	가구구분	가구주이름	집 전화번호	장애인 부가조사 대상자 수	추가 패널가구	맞춤형급여 (생계)	맞춤형급여 (의료)	맞춤형급여 (주거)	맞춤형급여 (교육)

주소	주소변동여부	가구원 수	가구형태	소득계층	주거형태

응답자		가구원		비상연락처		행정동	법정동
이름	연락처	이름	연락처	이름	연락처		

<가구원사항>

진입차수	개인패널ID	가구원번호	가구원이름	가구주관계	성별	생년	생월	교육수준	경활상태	업종	직종	부가조사 대상여부

<조사원참고사항>

참고사항1	
참고사항2	
사전전화조사 메모	

현 단계에서 인포시트 제공에 따른 득실은 명확히 판단하기 어렵다. 득이 되는 부분은 조사 시간의 단축과 전년도 기준 가구원 변동 현황의 즉각적 판단이 가능하다는 점이다. 한국복지패널의 인포시트 제공에 대한 문제 제기는 전년도 조사에 근거한 답변을 얻을 가능성에 대한 우려이다. 특히 조사 중 일부 내용은 인포시트에서 제공한 내용을 그대로 이기하도록 하고 있다. 예를 들어, 교육수준의 증가, 업종, 직종의 변화에 대해서 단순 이기할 경우에 정확성이 낮아질 가능성이 있다. 물론 조사 현장에서는 해당 사항을 확인하고 입력하며, 또 가구주가 변동되는 경우에는 바뀐 가구주를 기준으로 변경하는 등의 조치를 실시하고 있다.

그럼에도 일각에서 제기되는 우려, 특히 업종 및 직종의 반복 확인을 소홀히 할 수 있다는 우려가 있다. 가구원의 종사 업종 및 직종은 가구 경제 상황의 변화를 초래할 수 있는 중요한 변화이므로 조사 단계에서 세밀한 주의가 필요한 부분이라 할 수 있다.

제3절 설문의 구성과 소요 시간

설문의 구성, 즉 응답의 부담이나 조사의 소요 시간은 표본의 이탈에도 영향을 줄 뿐 아니라 조사의 정확성, 그리고 자료의 활용에 영향을 주는 핵심 영역 중 하나이다. 기존 패널조사에서 조사표의 조사 내용 구성은 자주 변화하여 왔고 변화의 기제도 명확하지 않아 초기와 비교하여 조사 내용은 비대하여진 상황에 있다.

2013년 조사표의 조사 내용을 변경하려면 협의체에서 논의하고 협의체 구성원의 전체 동의를 구하여야 가능하도록 한 바 있으나 원내에서도 완벽하게 작동하지는 않았고 인구집단별 설문을 분담한 서울대 협의체에서도 이러한 내용 공유가 완벽하지는 않았다. 한국복지패널의 특성상 제도 변화에 민감하지만 설문의 비대화나 설문의 잦은 변경은 모두 패널자료의 질 관리에 부정적 영향을 줄 우려가 있다.

1. 설문의 구성과 유효응답

한국복지패널은 매년 실시되는 패널의 본조사와 3년마다 실시되는 부가조사로 구성된다. 부가조사의 경우 아동, 노인, 장애인을 대상으로 한정하는 조사이며 전체적으로 조사 문항의 구성은 가구 일반사항으로 가구의 구성, 가구 경제와 관련된 가구의 지출과 소득, 그리고 사회보장급여 수급과 욕구 등 다양하게 구성되어 있다. 한국복지패널의 경우 여타의 설문조사와 비교하여 소득과 재산을 파악하는 문항이 구체적이고 이러한 조사 내용 구성이 본패널의 강점이기도 하다. 하지만 조사의 부담도 크고 문항의 구성에서 논리적 구조로 연결되는 부속 문항의 수도 적지 않다.

조사 문항별 응답률 실태를 살펴보았다. 응답률이 지극히 낮아 분석에서 유효하지 못한 상태에서 조사 소요 시간을 길게 하는 문항에 대해서는 향후 그 문항의 삭제 등 조정을 고려할 필요가 있기 때문이다. 유효응답이 응답자의 3% 이하(7,000개 사례 기준으로 약 210개 사례 이하)인 문항은 63개 문항이었다. 이 정도의 응답으로는 소득계층을 구분하거나 지역 구분 등 분석에서 한계를 지니게 될 가능성이 큰 문항들이다. 일부 문항은 전체 응답자가 18명이었고 그중 선택지에 대한 응답자 수가 1인 문항도 있었다.

바우처 이용 경험은 바우처별로 응답을 하도록 하여 응답 시간도 더 많이 소요되지만 분석이 어려운 수준으로 응답자가 적은 상황이다. 아동인지능력 향상서비스, 건강관리지원사업, 언어발달지원, 발달장애인부모

심리상담 등은 응답자의 수가 10 이하이다.

아동 부가조사 중 자살시도 여부도 응답자의 수가 매우 적은 문항이다. 아동과 장애인 분야 문항 중 일부는 이용 현황을 참고하여 문항을 축소하는 것을 검토할 필요가 있다고 판단된다. 가구원이 새로 습득한 직업기술과 같은 문항도 대표적으로 삭제를 검토할 필요가 있다. 이러한 상황에서 설문의 재구성을 진지하게 고민하여야 할 것이다. 예를 들어 정책 대상이 전 가구 또는 인구의 1% 이하인 정책 수혜 여부 등은 문항에서 제거하거나 상위 유형으로 묶어 재구성하는 것을 검토하여야 할 것이다.

다만 선험적으로 적은 수의 응답이라도 그 질문의 의미를 고려하여 유지하는 것이 적절한 경우는 예외로 하여야 할 것이다. 박탈 경험에 대한 문항에서도 응답자의 수가 적은 문항이 다수이다. 하지만 학문적 수요를 고려하면 단순 삭제도 쉽지 않다. 자살과 관련된 문항의 경우 응답자의 수가 적은 응답도 있으나 그 의미를 고려할 때 삭제 여부에 대하여 신중한 검토가 필요하다. 특정 제도의 신청과 수급 여부 등에서도 응답자의 수가 적은 문항이 다수이다. 이 문항 중 복지패널의 이용자를 확장하는 문항도 존재하는데 대표적인 예가 근로장려세제와 관련된 문항이다.

〈표 4-6〉 바우처 서비스 이용 경험 여부(빈도)

(단위: 가구)

구분	전체	저소득	일반
노인돌봄종합서비스	38	34	4
장애인활동지원사업	32	8	24
산모/신생아 건강관리지원사업	4	0	4
가사간병 방문관리지원사업	10	9	1
아동인지능력 향상서비스	3	1	2
임신출산 진료비지원제도	102	4	1
발달재활서비스	12	1	11
아이행복카드(보육료 및 교육료 지원)	471	13	458
언어발달지원사업	3	0	3
발달장애인부모 심리상담서비스	5	1	4
기타 바우처 서비스	421	347	74
유효 케이스	1,004	390	614

주: 1년간 바우처 서비스를 이용해 본 적이 있는 가구만을 대상으로 분석하였음.

〈표 4-7〉 아동 가구의 복지서비스 이용 경험 여부(빈도)

(단위: 가구)

구분	전체	저소득	일반
공공 어린이집(주간 보호 및 특별 활동)	100	6	94
양육, 보육료, 유치원비 보조(양육수당 포함)	600	22	578
무료 급식(급식 지원 포함)	1,258	279	1,079
아동상담, 집단 프로그램	16	8	8
방과후돌봄 서비스	30	12	18
유효 케이스	1,583	193	1,390

2. 조사 소요 시간

조사 소요 시간을 파악하기 위하여 2017년 조사 기간 동안 패널 연구진이 조사팀을 면담하여 조사 시간에 대한 자료를 수집하였다. 조사 소요 기간을 파악하기 위한 면담 시기는 12차 조사 기간 중 2017년 4월 3~11일이었다. 인터뷰 방식은 12차 조사 중인 조사팀을 실사 현장점검차 방문하여, 당일 조사한 가구의 소요 시간을 질문하였다. 그 밖의 평균적인 조사 소요 시간 등 기본 정보는 12차 조사를 기준으로 질문하였다.

조사 대상별(가구 조사 / 가구원 조사) 소요 시간을 개략적으로 정리하면 가구 조사는 내용상 가구의 대표 1인이 응답할 수 있는 것들인데 가구 조사만으로 기본 1시간 30분가량 소요되는 것으로 나타났다. 가구원 조사는 만약 경제활동을 하지 않고(경제활동이 없으면 소득 문항에서의 소요 시간이 대폭 단축), 의료 이용도 없어서(의료 이용이 없으면, 생활비의 소요 시간이 단축), 만족도 등의 문항으로만 조사하게 되면 30분 정도면 완료가 가능하였다.

만약 가구원이 경제활동을 하거나, 특히 이직이나 복잡한 형태의 근로활동(파견근로, 자영업자, 일용직의 경우는 소득, 사회보험 부분의 정확성을 기하고자 조사 시 확인할 사항이 증가한다)을 하는 경우, 해당 가구원 1인에게 할애하는 소요 시간이 길어지게 된다. 기본적으로 가구원이 경제활동을 하는 경우는 1인에게 할애하는 소요 시간이 기본 1시간으로 나타났다. 가구원 수가 많은 가구는 조사가 더 까다로울 뿐 아니라, 한 번 방문으로 해당 가구원을 못 만나는 경우가 다수이다. 조사표 특성상 대리 응답으로는 정보가 완벽하지 않기 때문에 조사 시간이 더 길어진다. 만약 할아버지, 할머니, 부부, 대학생 자녀로 이루어진 가구의 경우, 우선 가구 조사만 1시간 30분이 소요되었다. 5인 가구원 중 경제활동을 하는 가구원이 4명이기 때문에 가구 방문 시 면접했던 아내와 노부모 2인 외에는 남편, 대학생 자녀와 다시 약속하고 방문하여야 한다는 것이다.

전화로 추가 질문함으로써 누락된 응답을 확인하기도 하는데 전화로 추가 질문하는 경우는 10가구 중에서 절반 정도에 불과하다고 설명하였다. 조사 소요 시간 외 에디팅 시간은 조사 소요 시간과 동일하게 소요된다고 볼 수 있는데. 단, 숙련자와 비숙련자의 에디팅 소요 시간은 차이가 큰 것으로 나타났다.

가구 특성별 조사 소요 시간의 편차도 컸다. 조사 시간은 가구 규모보다 조사 대상 가구원이 어떤 사람인지에 따라 다르다. 즉, 1인 가구라 하여도 가구원이 청년인 경우라면 응답을 빨리 할 수 있겠지만, 노인인 가구는 더 시간이 오래 걸릴 수 있다. 예를 들면, 노인인 가구는 다른 가구원으로부터 받은 현물이나 현금 등을 끌어내기 위해서 그분들의 개인적인 이야기도 물어보고 들어주면서 진행해야 하므로 시간이 오래 걸리는 경우가 많다. 특히 자녀에게서 현물이나 현금 등을 지원받는 경우라면 자연스럽게 그 대답을 끌어내기 위한 시간이 소요된다. 한편 5인 가구라 하여도 초·중·고에 다니는 학생이 있는 경우는 가구원 조사 대상이 아니기 때문에, 2인 가구의 경우와 비슷하게 시간이 소요되지만, 만약 50대 부부+30대 자녀 2인+노인 1인의 경우라면 한 번 방문으로는 조사를 완료하기 어렵고 시간이 길게 소요된다. 심지어 3회 정도 방문하여 조사를 진행하기도 한다.

조사 영역별 소요 시간도 다르다. 생활비, 소득, 서울대 부가조사 파트가 소요 시간이 가장 긴 부분이다. 실제로 통장이나 거래 내역 등을 확인해야 하기 때문에 더욱 그러하다. 문항 영역 중 부채, 재산, 생활비 영역의 거부가 많다.

제4절 조사 방식 개선 방안

4장에서는 한국복지패널의 조사 운영 전반-조사팀의 운영, CAPI 시스템, 인포시트을 진단하고, 개선 과제를 살펴보았다. 한국복지패널은 12차 조사를 완료하였다. 그간의 조사 운영 방식에 따른 조사 결과의 안정성을 유지하기 위해서는 조사 방식 개선에 보수적인 접근을 제안할 수밖에 없다. 그러나 장기적으로는 조사 관리 시스템을 변경할 필요도 분명하게 제기된다.

현재 단계적으로 구축되고 있는 지역조사팀은 특정 조사팀의 담당 지역 명확화를 위해 일시에 진행하는 것이 필요하다. 다만 2018년에 이를 추진할 것인지에 대해서는 충분한 검토가 필요하다. 이에 따라 해당 과제는 2019년 실시를 제안한다.

사후 검증 조사는 2017년 조사가 완료된 지 상당 기간이 경과하였기 때문에 응답자의 회상력의 한계를 고려하면, 2017년 조사에는 실시하기 어려울 것으로 보인다. 따라서 2018년 조사에서부터는 사후 검증 조사를 실시할 수 있도록 준비하여야 할 것이다.

한국복지패널의 조사 지속 가능성을 위해서는 조사지도원을 양성하거나, 패널의 외부 위탁을 검토하는 중장기 설계가 필요하다. 이때 조사지도원의 양성과 패널의 외부 위탁은 그 성격이 충돌하는 것은 아니다. 즉, 조사지도원을 양성하는 것은 신규 표본이 아닌 기존 표본의 지속적인 조사를 위해 필수적이다. 이러한 표본별 차이를 고려할 수도 있을 것이다.

외부 위탁 방식에 대한 검토도 계속되어야 한다. 특히 복지패널의 표본 이탈에 따라 신규 표본이 추가될 경우에 해당 표본에 대하여 외부 위탁을 고려할 수도 있다. 물론 이 경우에도 모든 신규 표본을 외부에 위탁하지 않고 신규 표본 중 일부는 현행 방식을 유지함으로써 집단 간 조사 방식의 영향 비교를 실시하는 것도 고려해야 한다. 한편 인포시트는 일부 내용을 축약하는 형태로 2018년부터 실시하는 것을 기획해야 한다. 특히 인포시트 내용 축소는 CAPI 시스템 개발과도 연계되므로, 관련 내용의 조속한 결정이 필요하다.

조사에 큰 영향을 주는 설문 구성과 소요 시간에 대한 분석을 한 결과 유효응답이 매우 작은 문항이 적지 않다. 반면 설문 시간은 매우 길어서 설문 문항에 대한 재구성 등을 고려하여야 할 것이다. 다만 적은 수의 응답이라도 선험적으로 그 질문의 의미를 고려하여 유지하는 것이 적절한 경우는 예외로 할 수 있을 것이다.

제 5 장 패널자료의 활용

제1절 자료 활용 현황

제2절 복지패널 이용자 의견과 연구 공유 기회 분석

제3절 국제적 활용도 제고를 위한 개선 과제

5 패널자료의 활용

앞서 언급한 바와 같이 패널조사 자료의 활용은 비용 대비 효과성을 높이는 가장 중요한 이슈이다. 한편 패널자료의 활용에서 자료에 대한 접근 비용을 낮추어 효율성을 높이는 것도 주요 과제가 된다. 본 장에서는 우선 패널조사 자료 활용 현황을 살피고 패널조사 자료의 활용에 영향을 줄 수 있는 여러 요소에 대하여 살펴보고자 한다. 한편 패널자료의 활용이라는 주제에 대해서 국내 활용뿐 아니라 향후 국제적으로 자료 활용이 가능하도록 하는 준비에 대해서도 논의하고 있다. 패널조사 자료의 활용도를 높이기 위한 과제를 정리하면서 단기뿐 아니라 중기로 추진하여야 하는 개선안도 정리하고 있다. 이 과정에서는 이용자의 의견이 반영되었다.

궁극적인 활용도 제고를 위해서는 복지패널에 대한 질적 고려가 필수적이다. 주제별 이용 현황을 파악하고 다빈도 주제를 고려한 자료의 활용도 제고를 위한 과제를 도출하고자 하였다. 이는 다른 패널자료들과 대비해 복지패널이 가지는 강점을 파악하고 이에 주력함으로써 복지패널을 이용한 연구의 내실을 기하기 위해서이다. 한편 복지패널 활용도 제고를 위한 복지패널학술대회의 역할과 활용 방안, 복지패널 활용의 성과로서의 학술대회 활성화를 위한 방안도 찾아보고자 하였다.

복지패널을 이용한 국제 비교와 한국에 대한 해외 연구의 활성화를 위해 복지패널의 국제적 활용도를 진단하고 개선 과제를 도출하였다. 해외 연구자의 자료 접근성과 자료 활용을 위한 과제를 점검하고, 한발 더 나아가 아시아 국가를 중심으로 비교가 가능한 국제 연계 데이터 구축의 필요성과 의의, 이를 위한 과제를 도출하였다.

제1절 자료 활용 현황

1. 자료 접근성

한국복지패널 자료는 매년 3월 말에 공개하고 있다. 한국복지패널 자료를 다운로드하기 위해서는 회원 가입 절차를 거쳐 로그인해야 한다. 1~11차 차수별 데이터와 1~11차 결합데이터를 제공 중에 있다. 차수별 데이터는 1) 가구용 데이터, 2) 가구원용 데이터, 3) 부가조사용 데이터, 4) 가구용, 가구원용, 부가조사용 머지데이터(가구+가구원+부가조사 데이터의 결합본)로 구성된다. 1~11차 결합데이터는 1) 1~11차 가구데이터를 세로 결합한 파일, 2) 1~11차 가구데이터를 가로 결합한 파일, 3) 1~11차 머지데이터를 세로 결합한 파일, 4) 1~11차 머지데이터를 가로 결합한 파일로 구성된다. 그리고 SPSS, STATA, SAS 통계 프로그램용 데이터 파일을 제공 중이다.

한국의 노동패널(한국노동연구원), 재정패널(한국조세재정연구원), 고령화패널과 청년패널(한국고용정보원) 등 국내 패널 모두 유사한 통계 프로그램을 사용할 수 있도록 데이터를 제공하고 있다.

미국 Panel Study of Income Dynamics(PSID), 영국 British Household Panel Survey(BHPS), 독일 German Socio-Economic Panel Study(GSOEP), 캐나다 Survey of Labor and Income Dynamics(SLID)의 경우 신청서 작성에 더 많은 문항을 요구하거나 우편이나 서면으로 요구하는 등 절차는 다소 까다롭고 시간이 소요되는 측면이 있고, 비용을 청구하기도 하는 등 국내 패널 데이터보다 자료 접근성은 떨어진다. 이는 보안, 개인정보 보호 등에 관한 각 국가의 협정이나 다른 목적을 달성하기 위한 것이나, 적어도 이용자의 데이터 접근성을 감소시키는 것은 사실이다. 특히 대부분의 유럽 데이터는 자국민이나 유럽 연합 회원 국민에게만 자료를 공개하는 경향이 있어, 해외 사용자들이 접근하기가 거의 불가능한 경우도 많다. 다만 데이터 용량이 크고 방대한 내용이 포함되어 있어, 데이터를 다운로드받는 과정에서 필요한 변수만을 선택할 수 있게 하거나, 중요 데이터만 제공하는 등 편의성 제고를 위한 조치를 취하고 있으나, 이러한 방식이 접근성을 향상시키는 것은 아니다.

과거 머지데이터에 대한 요청과 데이터 공개 시점을 앞당겨 달라는 요청을 반영하였고, 차수별 데이터를 받을 때 일일이 이용자 정보와 이용 이유를 작성해야 하는 번거로움을 해소하는 등 이용자 의견을 반영하여 편의성과 접근성을 상당 부분 개선한 상태이다. 하지만 변수의 선택이 가능하도록 하는 등 새로운 자료 확보 방식의 변형을 고려할 수 있을 것이다. 한편 자료 활용 결과를 공유하도록 하는 등의 절차를 더하여 자료 활용 방식에 대한 모니터링과 연구 활성화에 기여를 고려해볼 수도 있을 것이다.

2. 패널 자료의 활용 현황

한국복지패널을 활용한 연구 성과를 분석하였다. 연구 성과물은 크게 3개의 분류로 나뉘었는데, 학술지논문은 국내외 학술저널에 실린 연구논문을, 학위논문은 국내외 석·박사 학위논문을, 보고서 및 기타는 연구기관에서 발행한 연구보고서와 학술대회의 발표문을 의미한다. 연구 성과물에서 수집한 정보는 기본적으로 제목, 저자, 발행기관, 저작물의 형태, 사용한 복지패널 데이터 차수이다. 집계 방식은 다음과 같다.

집계 기준 연도는 2008년, 2012년, 2016년이다. 기준 연도의 설정은 기존의 한국복지패널팀에서 자체 집계하고 있는 연구 활용 리스트에 의

거하여 판단하였다. 2008년은 1차 조사가 시작된 이후 2년이 지난 시점으로, 2차 데이터가 공개되면서 데이터의 홍보가 어느 정도 이루어진 것으로 볼 수 있다. 이후 4년 주기로 최근까지의 연구 동향 추세를 파악하고자 나머지 기준 시점을 설정하였다. 학술지논문은 구글 학술검색(https://scholar.google.co.kr/) 엔진에 "복지패널" 혹은 "KOWEPS"의 키워드를 입력하여 검색된 연구논문의 원문을 열람하였고, 초록 혹은 본문에 한국복지패널을 활용한 것으로 명시된 연구논문을 집계하였다. 이 과정에서 국내외 학위논문이나 연구기관의 보고서 혹은 정기간행물, 각종 학술대회 발표문이 검색되면 그것 또한 집계하였다. 학위논문은 한국교육학술정보원(KERIS)에서 제공하는 학술연구정보서비스(RISS)(http://www.riss.kr/)에 탑재되어 있는 학위논문을 검색하였다. 해당 DB의 '학위논문 상세검색'에서 검색 방식은 "키워드 기준", 검색할 학위논문의 유형은 "전체", 검색어 기준 또한 "전체"로 설정하여 "복지패널", "KOWEPS" 두 개의 키워드를 입력하였다. 여기서 다시 검색 결과 리스트에 있는 학위논문의 원문을 열람하고 초록 혹은 원문에 한국복지패널 데이터를 활용한 것으로 명시된 경우에 집계하였다. 연구기관의 보고서는 공통의 DB에 탑재되어 있지 않는 경우가 대부분이며 "복지패널" 혹은 "KOWEPS"라는 키워드로 검색이 되는 경우가 매우 드물다. 또한 제목과 보고서의 초록에 특정 데이터를 명시하지 않는 경우가 많기 때문에 보고서의 원문을 열람하는 방식을 택하였다. 국내 연구기관 중 사회보장, 노동, 여성, 교육 분야의 대표적인 연구기관[11]을 선택하여 해당 기관의 DB에서 기관에서 발간한 연구보고서의 원문을 일일이 열람하는 방식으로 복지패널 데이터의 활용을 파악하였다.[12]

11) 5개 기관의 DB를 임의적으로 선택하였다. 해당 연구기관은 한국보건사회연구원, 한국노동연구원, 한국직업능력개발원, 한국여성정책연구원, 한국교육개발원이다.

12) 하지만 기관 자체 예산으로 수행되는 연구보고서의 원문만 제한적으로 열람 가능하였으

2008년, 2012년, 2016년 한국복지패널 활용 연구를 보면 3개 연도에서 연구진이 집계할 수 있었던 연구 성과물은 모두 264개이며, 복지패널 차수를 거듭할수록 전체 연구 편수가 증가하고 있는 것을 알 수 있다. 전체 증가분의 대부분이 학술지논문의 활용 증가에 의한 것이었다. 이는 학술 연구에서의 복지패널 활용도가 계속 증가해 왔음을 의미한다. 학위논문의 증가는 2008년 대비 2012년에 뚜렷하게 증가한 뒤 최근까지 그 수준을 유지하고 있다.

〈표 5-1〉 2008년, 2012년, 2016년 한국복지패널 활용 연구 성과

(단위: 편)

구분	2008	2012	2016	합계
보고서 및 기타	5	8	6	19
학술지논문	19	44	105	168
학위논문	6	34	37	77
합계	30	86	148	264

전술한 바와 같이, 연구 성과물에서 집계한 정보는 제목, 저자, 발행기관, 저작물의 형태, 사용한 복지패널 데이터 차수로, 이들을 목록으로 구성하였다. 연구의 제목은 연구자가 자신의 연구의 정체성을 밝히기 위한 수단일 뿐 아니라 연구 내용 전반을 함축하고 있는 주요한 정보이다. 따라서 연구의 제목에 담긴 주요 용어를 키워드로 하여 연구 동향을 파악할 수 있다.

연구 동향을 분석하기 위해 두 가지의 텍스트 마이닝 기법을 사용하였

며, 저작권이 발주처에 있는 용역연구과제의 원문은 기관의 DB에서 원문을 열람하지 못하는 바, 데이터 활용 여부를 파악하지 못하였다.

다.[13] 하나는 264개의 연구 제목 목록을 키워드의 나열로 정제하여 해당 키워드들의 단순 출현 빈도를 제시하는 것이다. 이는 빈번히 출현하는 키워드를 통해 해당 시점의 복지패널을 활용한 연구들의 동향을 파악할 수 있다는 것을 전제한다. 두 번째 방법은 빈번히 출현하는 키워드들에서 연구자의 판단에 의해 주요한 용어를 선택하고, 첫 번째 방법에서 만들어진 텍스트 안에서 이들 용어들의 공출현 빈도를 계산하는 것이다. 즉 하나의 논문 제목 안에서 연구자가 지정한 주요 용어들이 매칭되어 출현하는 것을 네트워크로 시각화하여 분석하는 것이다. 이를 통해 여러 개의 키워드와 자주 매칭됨으로써 중심에 위치하는 키워드는 무엇인지, 자주 출현하기는 하지만 다른 주요 키워드와 매칭이 되지 않고 주변화되는 키워드는 무엇인지를 알고자 하였다.

기준 시점 3개년의 복지패널 활용 연구의 제목을 바탕으로 연구 동향을 파악하면 다음의 그림과 같다. 여기서 키워드 문자의 크기는 단순 출현의 상대적 빈도를 나타낸다. 우선 3개년 키워드를 합산하여 빈도를 제시한 첫 번째 그림에서는 “노인”, “우울”, “빈곤”, “가구”, “웰빙”[14], “변화”의 키워드가 눈에 띄고 있다. 전통적으로 한국복지패널의 활용 연구 영역이라 할 수 있는 빈곤과 함께, 노인을 대상으로 한 연구의 빈도가 압도적이었다. 또한 복지패널에서 조사하고 있는 우울 변수의 활용 빈도가 주목할 만하다. 또한 복지패널의 여러 영역에서 측정하고 있는 주관적 삶의 만족도(“웰빙”)의 활용이 상대적으로 높은 빈도를 보이고 있으며, 패널

13) 분석을 위해 키워드의 출현 빈도는 KrKwic을, 공출현 빈도 매트릭스 생성에는 KrTitle 프로그램을 사용하였다. 본 프로그램을 사용한 언어 네트워크 분석의 선행연구 사례와 이론적인 논의는 박한우, Loet Leydesdorff(2004)를 참조할 수 있다.

14) 실제 활용 연구 제목 목록에는 “웰빙”이라는 단어는 존재하지 않는다. “삶의 질”, “생활 만족도”, “삶의 만족도”, “삶에 대한 만족도” 등 자신의 삶에 대한 전반적인 만족도를 의미하는 단어의 조합을 의미가 상통하는 “웰빙”이라는 키워드로 변환하였다. 그밖의 “가족 만족도”, “결혼 만족도” 등 특정 영역에 대한 만족도는 “웰빙”과는 의미가 상통하지 않아 임의로 변환하지 않았다.

데이터의 특성상 “변화”를 포착하고자 하는 연구의 빈도 또한 높았다.

다른 3개의 그림은 연도별 출현 빈도를 나타낸 것으로 연구 동향의 추세를 가늠할 수 있다. 우선 “우울”은 어느 시점에서나 상당히 높은 빈도로 출현하고 있었다. 2008년에는 “소득”, “빈곤”, “가구” 키워드의 빈도가 높았는데, 이는 가구 단위 경제수준과 빈곤을 주제로 하는 연구에서 복지패널의 활용이 많이 이루어졌다는 것을 의미한다. 이러한 경향은 2012년에 이르러 변화가 있는 것으로 파악되는데, 2012년과 2016년에는 “노인”의 빈도가 확연히 증가하였고, 소득과 같은 객관적인 측정 변수보다 주관적인 측정 변수의 활용(“자아존중감”, “웰빙”, “복지태도”)이 증가하였다. 복지패널은 대표적인 가구 단위 조사이기도 하지만 가구의 모든 성원을 조사하기 때문에 개인 단위 분석에도 상당한 장점이 있다. 이러한 점을 반영하듯 2012년 이후의 연구 동향에서는 아동, 노인, 여성 등 개인 단위의 대상별 연구가 많이 이루어지고 있다. 이는 가구의 경제수준을 분석하는 것에서 보다 다양한 분야의 주제로 연구자들의 관심이 옮겨 가고 있음을 알 수 있다. 2016년에는 “빈곤”의 빈도가 확연히 감소하고, “웰빙”, “복지태도”, “가족”, “건강” 등의 키워드의 상대적 크기가 증가하였다. 마지막으로 “종단”이라는 키워드의 증가는 차수가 누적되고 종단 분석 기법의 대중화로 인해 실질적인 의미의 종단 연구가 증가했다는 것을 의미한다고 볼 수 있을 것이다.

[그림 5-1] 2008년, 2012년, 2016년 한국복지패널 활용 연구의 키워드 분석

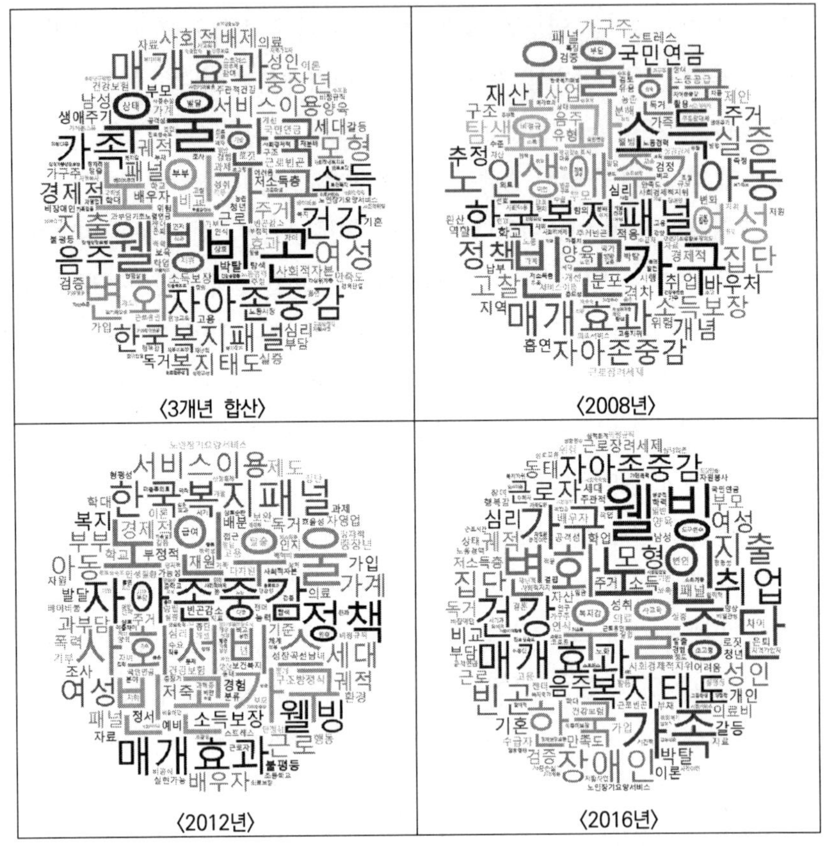

다음의 그림은 복지패널 활용 연구들의 제목 중에서 출현 빈도가 높으며, 연구자의 판단하에 주요 용어로 선정된 키워드를 가지고 텍스트 내에서의 공출현 빈도를 파악한 것을 네트워크 도식으로 시각화한 것이다. 연구 제목처럼 비교적 짧은 1줄로 구분된 텍스트 내에서 몇 개의 키워드가 함께 출현하게 되면 링크가 그려지게 된다. 따라서 연구 제목 목록에서 자주 출현하면서도 다른 주요 키워드와 매칭되는 빈도가 높을수록 네트워크에서는 많은 링크와 함께 중심에 위치하게 되며, 상대적으로 그렇지

않은 키워드들은 적은 링크와 함께 주변에 위치하게 된다.

앞서 제시한 워드 클라우드의 키워드와는 달리, 공출현 빈도를 계산하기 위한 주요 키워드는 연구 분야를 가늠할 수 있는 키워드로만 한정하였다. 즉 특정 방법론을 의미하는 키워드는 배제하였고, 단순 출현 빈도가 상대적으로 높지는 않더라도 연구 동향을 가늠할 수 있을 것으로 판단되는 키워드는 포함하였다. 분석 결과를 보면, 2008년 복지패널 구축 초기만 하더라도 "빈곤"은 복지패널 활용 연구에서 중심에 위치하였다. 복지패널 조사표의 많은 지면을 차지하고 있는 "소득" 역시 "빈곤", "빈곤 감소"와 같은 주제를 위해 많이 활용되었고, 빈곤 관련 제도인 "국민기초생활보장제도"와 함께 출현되는 빈도가 높았다.

[그림 5-2] 2008년 한국복지패널 활용 연구 키워드의 공출현 네트워크

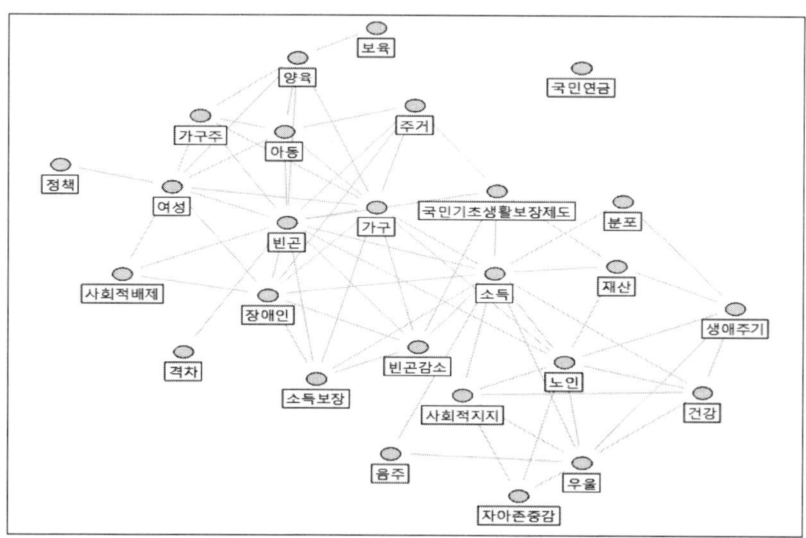

2012년 들어서도 "빈곤"은 연구의 중심에 있었다. 하지만 전체 인구의 빈곤 보다는 "노인", "여성"과 같은 대상별 빈곤을 다루는 연구의 빈도가

늘어났으며, "근로빈곤"이나 "주거빈곤"과 같은 보다 세분화된 빈곤 연구의 경향이 포착된다. 또한 노인이라는 대상이 부각되면서 소득뿐만 아니라 사회서비스 이용 부문이 연구에 자주 활용되었음을 도식을 통해 가늠할 수 있다.

[그림 5-3] 2012년 한국복지패널 활용 연구 키워드의 공출현 네트워크

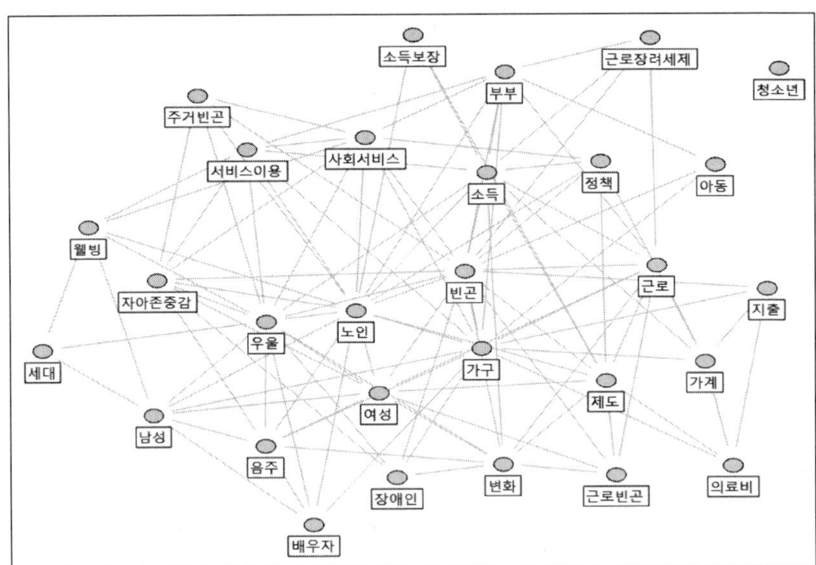

가장 최근인 2016년에는 "빈곤"과 "가구"는 더 이상 중심에 위치하지 않고 주변으로 밀려나고, "우울", "웰빙", "가족"과 같은 주제가 중심에 위치하게 되었다. 대상으로 보면 역시 노인의 중심화 경향이 매우 강하게 나타나고 있지만, "아동", "중장년"15), "청소년" 등 생애주기에 따른 대상 집단이 여타의 주제들과 연결되어 나타나고 있음을 알 수 있다. 또한 "종

15) 키워드 정제 과정에서 "중년"과 "중장년"은 "중장년"으로, "청장년", "중고령" 등과 같이 두 개 이상의 연령집단을 포괄하는 용어는 "청년"과 "중장년", "중장년"과 "노인"과 같은 방식으로 작업하였다.

단”, “변화”와 같은 키워드들은 중심에 위치하면서도 매우 많은 연결을 보이고 있어, 복지패널이 종단 분석이라는 패널 데이터 본연의 용도로 점차 많이 사용되고 있음을 알 수 있었다.

〔그림 5-4〕 2016년 한국복지패널 활용 연구 키워드의 공출현 네트워크

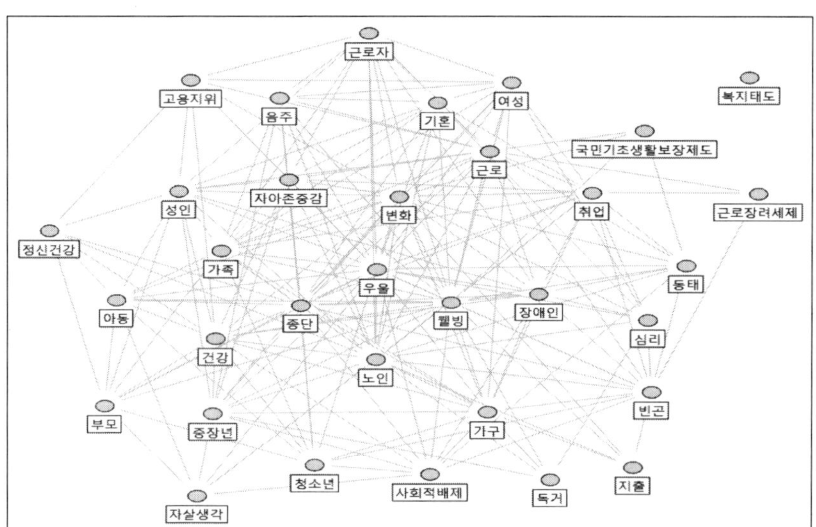

초기에는 한국복지패널이 저소득층 연구에 적합한, 그리고 소득조사가 매우 충실한 데이터라는 인식이 있었던 것으로 보여진다. 이후 차수가 누적되고 소득 조사 이외의 영역의 활용도가 알려지고, 수집된 가구원의 특성을 통해 특정 대상을 포착해낼 수 있음에 따라 보다 세분화된 대상별 연구가 많이 이루어지고 있다. 또한 우울, 가족, 웰빙, 자아존중감 등 정신건강과 심리적 변수의 정보 축적이 진행됨에 따라 그의 종단적 연구 활용이 비중을 더해 가고 있는 것으로 판단된다.

[그림 5-5] 한국복지패널 활용 연구 키워드의 공출현 네트워크(3개년 합산)

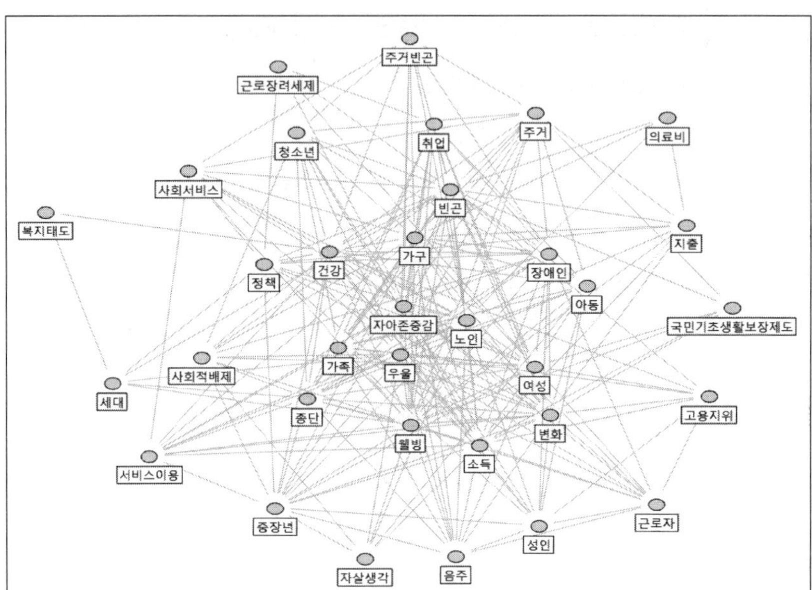

한국복지패널의 이용자 분석 기반 중 하나는 한국복지패널 홈페이지를 경유하는 이용자 정보이다. 한국복지패널을 이용하고자 하는 연구자는 홈페이지에서 회원 가입 이후 자료 활용 목적을 기록하도록 하고 있다. 약 3,427명, 1만 6,158건의 자료가 축적된 상태이다. 개인정보를 취득하여 규정상 이 정보를 분석하여야 하는 상황에 있으며 2017년부터 이 분석 결과를 기초분석보고서에 담아낼 예정이다. 향후 한국복지패널의 이용 현황에 대한 분석과 기획에 반영하는 기반으로 활용이 유지되어야 할 것이다.

제2절 복지패널 이용자 의견과 연구 공유 기회 분석

복지패널학술대회(5~9회) 이용자에게 취합한 의견과 1회의 자문회의, 1회의 이용자 FGI(통계품질 제고를 위해 2016년 실시)를 통해 취합한 이용자의 의견을 정리하였다. 데이터 제공 방식에 대한 의견도 포괄하였다.

1. 이용자의 의견 수렴

가. 이용자의 의견 개요

조사 전체에 대한 의견으로는 개인 단위의 소득과 상황에 대한 조사가 가구조사와 균형을 맞출 수 있었으면 한다는 의견과 부가조사의 기여는 인정되나 조사 부담이 전체 조사의 집중 영역을 모호하게 한다는 의견도 존재하였다. 한편 자료의 활용에서 자료의 크기가 작지 않아서 영역별, 분야별로 자료를 받아 구성할 수 있었으면 하는 의견도 있었다. 지역변수에 대한 요청은 빈번한데 이 경우 표본설계에서 대표성을 갖출 수 없는 사정을 감안한다면 반영이 어려운 의견이기도 하다.

자료의 공개 방식, 설문 내용의 변경 과정에서 다양한 이용자의 의견 수렴과 반영이 있기를 희망하였다. 그리고 기존 연구를 체계적으로 정리하여 연구가 패널자료를 활용한 연구에서 연구가 취약한 영역이나 변수들에 대한 확인과 연구설계에 대한 반영이 가능하였으면 하는 요청도 있었다.

아동부가조사에 관한 의견으로는 청소년이 진학한 고등학교 유형(예: 인문계, 실업계, 예체능 등)에 대한 정보가 부족하고 부모와 아동 정보가 쉽게 연계되지 않는다는 점, 가구원 데이터에서 형제, 자매의 수 등을 쉽게 파악할 수 없다는 어려움이 지적되었다. 복지패널에 사용되는 척도가 표준화되었으면 하는 의견도 있었다. 이 점을 반영하자면 다문항으로 구성된 척도의 수를 엄선하여야 하는데 각 연구 분야의 욕구가 상이하므로 숙고가 필요하다. 차수별로 문항의 변경이 잦은 것도 문제로 지적되었다. 다른 영역 대비 장애인 부가조사는 활용도가 낮아 원인 분석이 필요하다고 언급하였으며, 복지인식 부가조사에서 행정 관련 인식도 포함되기를 희망하기도 하였다. 최근 주제로 부상 중인 다문화 가구 비율의 확대를 요구하기도 하였으나 표본에서 대표성 확보가 어려운 상황이고 별도의 조사 등이 있어 수용이 쉽지 않다.

학술대회와 관련하여서 복지패널 연구자의 참여 기회를 넓힌다는 차원에서 지난 한 해 복지패널을 이용해서 발표된 논문을 주제별로 포스터 형식으로 소개하는 섹션이 있으면 좋겠다는 의견도 있었다. 데이터에 대한 구체적인 설명이 보급되기를 희망하였고 제출한 논문에 대한 심사평을 들을 수 있으면 좋겠다는 의견도 존재하였다. 학술대회 관련 홍보가 아직도 부족하다는 지적과 기획주제를 준비하는 시간이 너무 짧아 사전 기획이 조금 일찍 알려지고, 공모 일정을 별도로 정하여 추진하였으면 하는 의견이 있었다. 그리고 유사 패널 통합학술대회를 통한 비교 연구 기회가 마련되기를 희망하기도 하였다.

기타의 의견으로는 최근 확대 중인 돌봄서비스에 대한 설문 문항이 부족하다는 지적과, 노인 대상 활동 능력 수준 등이 확인되기를 요청하기도 하였다. 사교육비, 결혼 시점 등 분석이 용이하였으면 하는 요청과 응답 월일을 적시하였으면 하는 안도 있었다. 심리정서적 상태를 묻는 문항에 대한 응답자의 적응에 대한 검토가 필요하다는 지적도 있었다.

나. 이용자 의견 수렴 기제

사회 및 정책 변화를 반영하여 복지패널을 발전시킬 필요에 대해 문제제기가 있었다. 현재 이를 위해 연구과제 평가를 위한 연간 총 3회의 워크숍을 통해 전문가 의견 수렴을 거치고 있으며, 서울대와 보건사회연구원으로 구성된 협의체에서 정기적으로 설문지 검토 및 관련 논의를 진행하고 있다. 웹사이트를 통한 상시적인 이용자 의견 수렴 및 학술대회 참가자 의견 수렴 등 다양한 경로로 관련 의견 수렴 및 논의 기회를 갖고 있으나 표본 관련 전문가 포럼 등은 운영이 고르지 않았다.

복지패널을 활용한 연구물의 용이한 축적과 이를 통해 복지패널의 다양한 활용법을 누적하기 위한 데이터 제공과 연구물 수집의 선순환 구조를 마련할 필요가 있다. 현황에 대한 분석과 이용자 포럼 구성과 운영 등이 고려될 수 있는 기제가 될 것이다.

2. 학술대회 등 자료 활용 활성화 기회

한국복지패널은 학술대회 이전에 데이터 설명회를 매년 개최하여 왔다. 3차 한국복지패널 사업부터 학술대회와 함께 데이터설명회를 개최하기 시작하여, 2017년에도 진행한 바 있다. 그 주된 내용은 복지패널 소개 / 데이터 처리 및 머지 방법 소개 / 조사표와 변수 설명 등으로 구성된다. 최근에는 가중치에 대한 설명이 보강되어 왔다. 최근에는 분석방법론 강의가 추가되기도 하였으며 전체적으로 반일의 일정으로 진행되고 있다. 데이터설명회에 대해서는 시간이 매우 짧은 데 반하여 전달하는 내용은 매우 방대하여 정보가 충분하게 전달되지 않는다는 비판이 있었다. 전체적으로 참석자의 수는 적지 않은데 이 참석자들이 활용으로 이어지도록 하는 추가적 전략이 필요하다는 지적도 있는데 이 지적은 앞의 정보 불충분과 무관하지 않을 것이다.

우리나라의 패널조사들이 분화, 확충되면서 각종 패널 학술대회의 참여자 규모는 계속 감소 중에 있다. 한국복지패널 학술대회의 경우 시점, 총 시간, 세션 구성 등에서 계속 변화를 거듭하여 왔다. 학술대회의 안정성을 확보하는 것이 필요하며 학술대회의 설계에서 기존 학술대회의 한계 분석이 선행될 필요가 있다. 2017년에는 학술대회의 변천과 문제에 대한 심층적 분석을 수행하지 못한 상태이지만 학술대회 참여자의 규모가 줄고 있다는 점, 그리고 연구원 내부발표자로 발표자 구성이 편중되는 현상을 발견하고 학술대회 참여를 확대하는 방식으로 단기적 변화를 도모하였다.

현재 자료의 배포 기준은 매년 3월 말이다. 학술대회가 대부분 9월에 진행되어 새로운 차수의 자료의 공개 시점과 학술대회 사이의 시간이 매우 짧다. 이 점에 대해서도 고민이 필요하다. 특히 종단분석이 연구 중 다수를 차지하면서 빠른 자료의 공개보다 정치된 자료, 연구자의 자료 활용과 발표 등을 가능하도록 설계하는 것도 대안이 될 수 있을 것이다.

제10회 한국복지패널 학술대회는 학술대회의 질적 향상과 참여자 확대, 이를 통한 복지패널 활용도 제고 및 확산을 꾀하고자 (한시적으로) 전문가 초청세션을 확장하였다. 기획세션을 확대하고 세션 당 발표자의 구성도 늘리는 방식으로 추진하였다. 한편 학술대회 과정에서 참여자들에게 학술대회와 관련된 의견을 수시로 수집하였다. 이 과정에서 연합학술대회, 포스터 발표 도입 등에 대한 의견을 수렴하기도 하였다.

제3절 국제적 활용도 제고를 위한 개선 과제

1990년대 이후 선진국의 대규모 조사 연구에서 등장하는 중요한 경향 중 하나는 조사 자료 생산 국가들 사이에 네트워크를 구축하고, 데이터를 통합시켜 국제 비교 연구가 가능하도록 DB를 만드는 시도가 증가하고 있다는 점이다(강석훈, 1998). 따라서 이 연구는 한국복지패널 자료가 국내외 연구자들에게 국제적으로 널리 활용될 수 있도록, 특히 다른 나라의 패널자료와의 비교 연구에 활용 가능하도록 하기 위해 어떤 점에 유의해야 하는지를 개선 과제 측면에서 제시하고자 한다.

1. 한국복지패널의 국제화 필요성과 의의

일반적으로 자료의 국제화 작업은 패널 연구의 중요한 과제 중 하나이다. 국제 비교가 가능한 조사 자료를 생산한다는 것은 국가 간 비교 연구뿐만 아니라 학제 간 연구의 폭을 증대시켜 다양한 분석과 연구를 가능하게 하는 장점이 있다(부가청, 2006). 또한 일정 수준의 표준화된 변수와 양질의 조사 자료로 인정받아야 국제 간 비교 연구를 위한 자료로 국제적으로 수용된다는 점에서 조사 자료 생산의 질을 향상시키는 데도 간접적으로 기여할 수 있다(부가청, 장지연, 2006). PSID나 BHPS 등은 오래전부터 자신들의 정보를 서로 공유하고 이로부터 시너지를 발생시키기 위해 다양한 형태의 국가 간 네트워크를 구축하고 있다. 한국노동패널도 데이터와 코드북, 유저가이드 등의 영문화 작업을 단계적으로 진행하고 있다. 또한 국제화를 위해 필요한 자료의 표준화 등과 같은 여러 가지 기초 작업들도 추진하였다(이상호, 2006). 특히 고령화연구패널조사(KLoSA)는 설계 과정부터 국제화 비교 연구를 염두에 두어 진행하기도 하였다(부가청, 장지연, 2006).

국제적 활용도 제고의 첫 단계는 해외 연구자들이 사용 가능하도록 만드는 것이 매우 중요하다. 한국복지패널은 유저가이드 영문화를 초벌적으로 해두고 있지만, 한국노동패널의 경우 데이터까지 영문화가 되었고, 특히 Equivalent File 프로젝트로 다른 해외 패널들과 연계 혹은 표준화되어 있어 우리나라를 연구할 경우 사용할 수 있도록 준비되어 있다. 한국복지패널도 비교 연구가 가능하도록 영문화 혹은 국제 표준화 작업을 할 필요성과 의의가 있을지를 검토해보고자 한다.

일반적으로 우리나라는 사회복지제도의 도입이나 개선을 위해 서구의 각종 사회복지제도와 프로그램을 수입하는 데 많은 노력을 투여하였다. 하지만 이는 몸에 옷을 맞추는 것이 아니라 옷에 몸을 맞추는 것과 유사한 시도가 된다는 점에서 한계가 있다. 이제 좀 더 데이터에 기반 한 연구가 선행되어 각국의 정책 경험과 기초 데이터를 분석하고 그로부터 교훈을 얻는 노력이 필요하다. 특히 아시아 국가들은 유교주의나 가족주의로 대표되는 공통성으로 인해 서구보다 서로에게 더 많은 시사점을 얻을 수 있을 것으로 판단된다. 이를 위해서는 순수한 학문적 연구를 활성화하며 경험을 나눌 수 있는 기회를 확대할 필요가 있을 것으로 판단된다. 하지만 이러한 시도도 지금까지 분석에 필요한 데이터가 잘 구축되어 있는 서구 복지국가나 OECD 국가와의 비교 연구가 주를 이루어 왔다. 이는 데이터의 한계 때문에 발생한 일이므로 이를 극복하기 위해 패널자료 수집과 분석을 국제화 차원에서 진행할 필요가 있다고 판단된다.

2. 아시아 패널 연계의 가능성 진단

패널 연계는 크게 두 가지 방식으로 가능할 수 있다. 첫째, 고령화연구패널조사(KLoSA)처럼 처음부터 연구 네트워크를 구성하고 같이 설계하는 방식이다. 이는 자료의 생산 단계에서부터 비교 연구 가능성과 통합 DB의 구축을 염두에 두고 조사를 설계하고 진행하는 것이다. 둘째, 이미 생산이 완료된 시점에서 유사한 자료를 모아 통합 DB를 구축하는 것인데 이는 국제 비교를 원하는 연구자들이 사용하기에 힘들다는 단점이 있다(부가청, 2006). 예를 들어 LIS와 LES, CHER, CNEF는 국제 간의 비교 가능한 연구를 염두에 두고 초반 설계 작업부터 함께한 조사 자료들이 아니라 처음에는 국가별 조사 자료로 독립적으로 존재하다가 국제 비교가 요구되면서 하나의 프로젝트로 나중에 모여 만들어졌기 때문에 비교 연구가 쉽지 않다는 단점이 있다(부가청, 장지연, 2006). 국가별로 중점을 둔 핵심 주제가 다르기 때문에 데이터 통합을 하면서 공통된 핵심 주제를 함께 정하고 다시 표준화시키는 작업에 초점을 맞추어 국가 간 데이터 통합을 진행하고 있다(부가청, 장지연, 2006).

한국복지패널은 국제화를 염두에 두고 출발한 것이 아니라 후자에 해당하므로 국제적 네트워크가 가능할 수 있는 아시아 내 일본 가구패널(JHPS/KHPS), 홍콩 Hong Kong Panel Study of Social Dynamics (HKPSSD), 대만 Panel Study of Family Dynamics(PSFD)[16] 검토 비교 등을 진행하려고 한다.

---

16) http://caser.ust.hk/en/?act=project_hkpssd
http://psfd.sinica.edu.tw/web/data_en.htm
https://www.ncbi.nlm.nih.gov/pubmed/24399139
http://www.rand.org/labor/FLS.html

가. 일본 가구패널(JHPS/KHPS)

일본 가구패널(KHPS/JHPS) 조사는 KHPS(Keio Household Panel Survey)가 한국 데이터라는 오해를 받아 2009년 JHPS(Japan Household Panel Survey)와 통합하여 조사를 진행하고 있다. 두 데이터는 공통점이 많아 데이터를 통합하는 데에 문제가 되지 않았으며, 표본 탈락을 보완한다는 점과 비용 측면에서 두 데이터의 통합이 가능해졌다. JHPS는 표본 탈락을 보완하기 위해 2007년에 1,400명, 2012년에 1,000명의 신규 조사 대상자를 모집하였고 2007년부터는 1,400세대/2500인의 코호트를 추가하였다. 변수 구성은 JHPS에서는 취업, 소득, 교육, 건강·의료 등을 제시하였으며, KHPS는 취업, 소비, 소득, 주택 등을 주제로 조사하였다. 두 데이터가 통합된 이후 일본 가구패널 조사의 변수 구성은 조사 항목을 통일하여 지역, 가족 구성, 성별, 연령, 가계 수입, 자택 소유, 학력, 취업, 취학 상태, 생활 시간 배분, 부모와의 거주 관계 등을 제시하고 있다.

표본설계 방식은 8개 지역이 각각 대도시, 중도시, 소도시의 3개 도시를 포함하고 있어 총 24개의 구역으로 구분하고 있으며, 국제조사구를 표집 단위로 사용하여 조사구마다 10개씩 표본으로 추출하고 있다. 표본추출 방식은 다단계 표본추출로 하여 비밀 보장을 위해 데이터는 8개의 지역코드(홋카이도, 도호쿠, 간토, 주부, 긴키, 주고쿠, 시코쿠, 규슈)만 제공하고 있다. 조사 대상은 세대원을 기준으로 동거 여부를 확인하고, 비동거의 경우 조사 대상에 포함하지 않지만 비동거임에도 생활비를 공유하고 있는 경우에는 추가 조사를 실시하고 있다.

일본 가구패널 조사의 데이터는 비영리 학술 목적에 한하여 일본 국내외 대학 또는 국공립, 민간 연구기관에 소속된 연구원, 대학원생, 학부생 등에게 데이터를 제공하고 있다. 데이터 신청 및 제공 절차는 일본 가구패널 조사 홈페이지(https://www.pdrc.keio.ac.jp/en/)에서 데이터 제공 지침에 따라 데이터 선택 및 데이터 요청 양식을 작성해 제출한 후, 요청이 승인되면 데이터 관리 시스템(DMS)에서 파일 다운로드가 가능하며 연구자들에게는 영어 버전의 데이터를 제공하고 있다. 다운로드 가능한 파일로는 조사 설문지(PDF), 코드북(Excel), 변수 요약표(Excel)를 제공하고 있고, 요청이 승인된 날로부터 1년간 횟수 제한 없이 다운로드 가능하다. 또한 패널의 국제 비교를 위하여 OECD와 교류를 하는 동시에 LIS에도 데이터를 제공하고 있다.

나. 홍콩 가구패널(HKPSSD)

홍콩 가구패널(HKPSSD) 조사는 홍콩의 사회 및 경제적 변화와 개인에 대한 영향을 추적하는 것을 목표로 하는 홍콩 최초의 가계패널 연구이다. 초기에는 가족과 불평등에 관한 것이었지만, 패널 데이터 수집은 인구통계학자, 경제학자, 교육 및 건강연구자, 정치과학자 및 사회학자들과 관심 있는 다른 주제들을 수용할 수 있는 다학제 간의 사업이라 할 수 있다. 홍콩 가구패널은 대만과 중국 본토에서 유사한 프로젝트가 시작되면서 중국 사회에 대한 비교 연구를 용이하게 하기 위해 시작되었다. 홍콩 가구패널의 조사 영역은 주택 조건, 자산, 경제활동, 소비, 심리적 상태, 건강 및 사회생활, 가족생활에 대한 종단 데이터를 수집하여 홍콩의 사회적, 경제적 변화와 개인에 대한 영향을 추적하는 것이다. 또한 결혼생활과 가정생활 특히, 성별 차이, 직업과 가정생활 사이의 긴장, 가사노동의 분업, 시간 사용, 부모와 자녀 양육 그리고 주관적인 삶의 평가를 연구하고자 한다.

홍콩 가구패널은 조사 주기를 2년으로 하고 있으며, 2개의 코호트 설계를 통해 패널조사를 선택하고 표본추출 방법으로는 층화표본추출설계를 사용하고 있다. 홍콩 가구패널에서는 통계부서의 인구통계학과에서 HKSAR(Hong Kong Special Administrative Region of the People's Republic of China) 정부의 주소를 무작위로 선정하여 주거지 유형과 지역별로 분류하고 있다. 설문조사는 1차에 3,200가구를 인터뷰 대상으로 선정하고, 같은 세대에 거주하는 15세 이상의 모든 가구원에 대한 정보를 수집하였다. 설문지는 샘플가구에 대한 가족설문지와 개별설문지로 2가지 종류를 이용하고 있다. 가족설문지는 모든 공동거주자, 비동거가족 및 가족 구조에 대한 기본 정보를 포함하고 있고, 개인설문지는 연령, 성별, 가정에서 사용하는 언어 등의 기본 정보, 교육 배경, 직업 및 경력, 일상생활 및 심리 상태를 포함하고 있다. 조사 대상자는 예산과 인력의 한계로 중국인, 중국어를 사용하는 사람, 지난 6개월간 최소 3개월 이상 홍콩에 거주했거나 앞으로 3개월 이상 거주할 사람으로 제한하였다.

〈표 5-2〉 HKPSSD의 개요

구분	1차 (2011)	2차 (2013)	추가 표본 (2014)	3차 (2015)
가구	무작위 추출된 조사구에 있는 모든 가구	2011년에 조사 완료된 가구	무작위 추출된 조사구에 있는 모든 가구	2차에서 조사 완료된 가구와 추가 샘플 가구
개인	표본으로 추출된 가구의 대상 가구원	직전 조사에서 조사 완료된 가구의 대상 가구원	표본으로 추출된 가구의 대상 가구원	직전 조사에서 조사 완료된 가구와 추가 샘플 가구의 대상 가구원

구분	1차 (2011)	2차 (2013)	추가 표본 (2014)	3차 (2015)
표본 규모				
가구	3,214	2,165	1,007	2,404
개인	8,176	4,893	2,105	5,667
성인	7,218	4,270	1,960	5,160
아동	958	623	145	507
조사 방법	CAPI 대인면접	CAPI 대인면접	CAPI 대인면접	CAPI 대인면접
조사 완료율				
가구	55.7% (응답률)	70.0% (추적률)	70.0% (응답률)	71.6% (추적률)
개인	85.6% (응답률)	72.5% (추적률)	86.3% (응답률)	85.1% (추적률)

자료: Xiaogang(2016).

〈표 5-3〉 HKPSSD의 문항 비교

주제	1차	2차	추가 표본	3차
가구				
가구원과 기타 관계	O	O	O	O
가계 도움(Domestic helper)	O	O	O	O
주거 및 지출	O	O	O	O
포괄적 사회부조 (CSSA:Comprehensive Social Security Assistance)	O	O	O	O
가구 소득	O	O	O	O
복지 급여	X	X	O	O
주관적 계층 인식	O	X	O	O
가구 자산	X	O	O	O
일일 지출	X	O	O	O
개인				
기본 정보	O	O	O	O
가구 의사결정	X	O	X	X
고용/소득	O	O	O	O
직업 이동	O	O	O	O
첫 직장	O	X	O	X
14세 당시 가구 상황	O	O	O	X

주제	1차	2차	추가 표본	3차
주거 이동성	X	X	X	O
신체적/정신적 건강	O	O	O	O
심리적 문제에 대한 도움 수준 (Seeking help for psychological illness)	X	X	X	O
가구원 간 상호작용	X	X	X	O
생활시간 소비	O	O	X	X
사회 참여	O	X	X	X
정보교류 채널	X	O	X	O
중국에 대한 정체성/태도	X	O	O	O
정부지출에 대한 태도	X	X	O	X
사회적 신뢰	X	X	O	X
은퇴 계획	X	X	O	X
출산 계획	X	X	O	O
사법제도와 법적 정의에 대한 인식	X	X	O	O
정치 태도에 대한 조사 실험	X	X	X	O
이민자 조사	O	X	O	O
노인 조사	O	O	O	O
아동				
기본 정보	O	O	O	O
보호자 관련 설문	X	O	O	O
신체 성장과 건강	O	O	O	O
이준(Migration)	O	X	O	X
학교 생활	O	O	O	O
학업 성취	O	O	O	O
사교육	O	O	O	O
교육적 기대(Educational expectation)	O	X	X	X
집에서 쓰는 언어	O	X	X	X
개인 공간/방	X	O	O	X
아동 대상 의료, 교육 보험(Insurance)	X	O	O	X
교육비 지출	X	O	O	O
성격/부모의 양육 스타일	X	O	O	O
행동 문제	X	X	O	O
부모의 배경(Parent's background)	X	X	X	O

자료: Xiaogang(2016).

다. 대만 가구패널(PSFD)

1999년에 시작된 가족역동성연구(Panel Study of Family Dynamics: PSFD)는 국가과학위원회(National Science Council)와 치앙쿠웅(Chiang Ching-Kuo) 국제학술교류기금이 지원하는 장기 프로젝트이다. 원래 이 프로젝트는 Institute of Economics, Academia Sinica의 후원하에 있었다. 2003년 학문 연구를 위해 Tsai Yuan-Pei 인문사회과학연구센터가 Academic Sinica에 설립되었을 때, PSFD는 연구센터의 RPSFCS(Chinese Family in Studies)의 연구 프로그램에 의해 관리되었다. 주로 Academia Sinica가 자금을 지원하고 있다. PSFD는 인문사회과학연구원과 사회과학 및 철학연구소가 합병하여 인문사회과학 연구센터(Research Center of Humanities and Social Sciences: RCHSS)에 통합되었으며, RPSFCS는 2013년부터는 RCHSS의 내부 재구성으로 인해 조사연구센터(CSR)의 프로젝트가 되었다. 그 명칭은 중국사회 가족연구프로젝트(PSFCS)로 변경되었다.

PSFD의 초기 단계에서 표본은 대만의 성인 인구이며, 패널 설문조사의 핵심 주제는 응답자와 그 가족 구성원의 상호작용 관계 및 행동이다. 따라서 PSFD의 주요 목표는 대만 가족 구조의 변화와 가족구성원 간의 상호작용 방식을 조사하기 위한 것으로 PSFD의 설문지는 대만 가족의 특징을 강조하는 방식으로 고안되었다. 그리고 2000년부터는 표본은 응답자의 자녀에게까지 확대되었으며, 주요 응답자와 그 자녀들에 대한 첫 번째 파급 및 후속 조사는 대면 인터뷰를 통해 수행된다. 대만에서의 가구동향 패널조사가 다소 안정된 후, PSFCS는 중국사회과학원과 협력하여 중국 남동부 해안 지역으로 조사를 확대했다. 대만 해협을 통해 자료를 수집함으로써 이 데이터가 특히 교차 지역 비교 연구를 통해 중국 가정 연구에 필요한 연구 자료가 될 것으로 보고 있다.

PSFD의 데이터는 1999년부터 시작된 다년간 패널조사로 36-45세를 대상으로 1,000명의 개인을 무작위 추출하여 인터뷰하였다. 예를 들어, 이 응답자들에 대한 설문조사를 RI1999라고 하면 2000년에 실시된 두 번째 조사는 RII2000으로 RI1999와 동일한 설문지로 개인 인터뷰 외에도 47-66세를 대상으로 한 새로운 무작위 표본을 추가로 인터뷰하게 된다. 이 새로운 샘플에 대한 조사는 RI2000이라는 코드를 적용하고, 이 대상들은 매년 인터뷰 대상자가 된다. 결과적으로 RI1999의 경우 응답자 중 802명이 성공적으로 인터뷰되고, RI2000의 경우 2,000명을 대상으로 실시되어 1,960명을 성공적으로 인터뷰하게 된다. 또한 2000년에 조사한 RII2000 응답자와 RI2000 응답자의 연락처 수집을 통해 16-23세 사이의 응답자 자녀들을 추적 조사할 수 있다. 현재 데이터는 2007년도를 마지막으로 기록되어 있으나 2011년도까지 업데이트되어 있다.

구체적인 PSFD 데이터는 홈페이지(https://srda.sinica.edu.tw/group/scigview_en/2/5)를 통해 확인할 수 있으며, 사용 여부는 회원 가입을 통해 정회원 등록이 되어야 한다. 데이터는 영어로 작성되어 외국인도 사용 가능하나, 데이터 유저가이드에는 척도나 변수 설명에 대해 작성되어 있지 않다. 다만, 데이터 유저가이드에 따르면, STATA의 변수 레이블 및 값 설명의 열 너비는 각각 80 및 40 바이트로 제한되어 있으므로 STATA 데이터는 첫 번째 80바이트만 변수 레이블로 표시하고, 처음 40바이트는 값 설명으로 표시한다고 작성되어 있다. 그 이외의 설문지와 데이터는 파일로 확인할 수 있다.

〈표 5-4〉 PSFD(Panel Study of Family Dynamics)의 구성

데이터셋: Panel Study of Family Dynamics: RR2007
조사 기록
A. 생활 및 근로 경험
B. 생활여건(Living Arrangement)
C. 가족 관계
D. 가구의 의사 결정 및 지출
E. 가구 경제 관리
F. 자녀 양육 및 교육

자료: 대만 SRDA 홈페이지(https://srda.sinica.edu.tw/group/sciitem_en/2/311)

라. 아시아 내 일본, 홍콩, 대만 패널과 한국복지패널 비교

먼저, 일본 가구패널(JHPS/KHPS), 홍콩 Hong Kong Panel Study of Social Dynamics (HKPSSD), 대만 Panel Study of Family Dynamics(PSFD), 한국복지패널의 아시아 내 4개 패널을 간단하게 비교 정리하면 〈표 5-5〉와 같다.

〈표 5-5〉 일본, 홍콩, 대만, 한국 패널조사 비교

구분	JHPS/KHPS (게이오 일본가구 패널조사)	HKPSSD	PSFD (대만가구동향 패널조사)	KOWEPS (한국복지패널)
시행 국가	일본	홍콩	대만	한국
시행 연도	2004년 KHPS 시작 2009년 JHPS 시작 2014년 데이터 통합	2011년~2015년	1999년~2011년	2006년~현재
조사 주기	1년	2년	1년	1년 *부가조사:3년
조사 대상	20세 이상	15세 이상	가구 대상 (2000년부터 아동 포함)	15세 이상 (표본가구의 가구원)

구분	JHPS/KHPS (게이오 일본가구 패널조사)	HKPSSD	PSFD (대만가구동향 패널조사)	KOWEPS (한국복지패널)
표본 수	약 4,000가구/ 7,000명	약 3,200가구/ 성인 7,200명/ 아동 1,000명	최초 726가구	약 7,000가구 (일반가구, 저소득층 가구 각각 3,500가구)
주관 기관	게이오대학 패널 데이터 설계 분석 센터	HKUST Center for Applied Social and Economic Research (CASER)	Institute of Economics, Academia Sinica	한국보건사회 연구원, 서울대학교사회 복지연구소
재정 지원 (Fund)	문무과학성 게이오패널 센터가 공동연구원으로 지정되면서 특별지원받고 있음.	CPU(Central Policy Unit) & RGC(Research Grants Council) of HKSAR Strategic Public Policy Research Funding scheme	국립 과학위원회 (National Science Council)	한국보건사회 연구원
데이터 국제화 ◎:있음 / ○:신청시 제공 / △:작업중/ X:접근불가				
설문지	◎	X	◎	△
데이터	X	X	○	△
코딩북	X	X	○	△
유저 가이드	X	X	○	◎
영문 홈페이지	https://www.pdrc.keio.ac.jp/en/paneldata/datasets/jhpskhps/	http://caser.ust.hk/en/?act=project_hkpssd	https://psfd.sinica.edu.tw/web/plan_01en.htm	https://www.koweps.re.kr:442/eng/main.do

자료: 게이오대학 패널 데이터센터 홈페이지(https://www.pdrc.keio.ac.jp/en/); He et al.(2015); Xiaogang(2016); 대만가구동향패널조사 관련 홈페이지(https://srda.sinica.edu.tw/group/scigview_en/2/5; https://psfd.sinica.edu.tw/web/plan_01en.htm); 한국복지패널 홈페이지(https://www.koweps.re.kr).

대만과 홍콩의 가구패널의 경우 가정, 개인, 자녀별로 각각 동일한 질문으로 구성되어 있다. 하지만, 한국복지패널의 경우 가구원 배경 및 개인사, 근로활동, 경제 상황, 가구 여건, 사회보장 가입 및 수급 현황, 기타 등으로 구분하고, 가구별, 가구원별, 아동부가조사로 각각의 질문이 구성되어 있는 차이점을 보인다. 일본의 경우 본인과 배우자와 관련된 질문 문항으로 주로 구성되어 있고, 자녀와 관련된 질문 구성이 상대적으로 부족했다. 이 4개의 패널을 비교해 본 결과 공통적으로 나온 조사 주제는 〈표 5-6〉과 같다.

기본적으로 4국가 모두 본인, 배우자, 자녀에 대한 기본 정보 사항(성별, 태어난 연도, 동거 여부, 학력)을 질문하고 있다. 그리고 대만 가구패널에서는 1-7점까지 의미분화척도를 사용하여 구체적으로 가족관계를 조사하고 있고, 한국복지패널의 경우 5점 척도로 구성하여, 매우 만족(5점)부터 매우 불만족(1점) 순으로 만족도 조사 문항을 구성하고 있다. 반면, 일본의 경우 가족관계를 자녀 관련 조사 문항에서 '자녀와의 저녁식사 빈도 조사'를 통해 확인하고 있다.

건강 상태의 경우 대만 가구패널에서는 5점 척도를 사용하여 1년 전, 2주 전 등의 건강 상태를 물어보는 질문을 구성하였지만, 일본의 경우 건강 상태를 암 검진, 당뇨, 혈압, 간경화 등 검사를 받고, 어떤 결과가 있었는지 물어보는 조사를 주로 이루고 있다. 더욱이 일본의 경우 지난 1년간 수술 경험, 증상 빈도, 최근 건강 상태, 운동 시간, 술, 담배 등 구체적인 질문을 제시하여 건강 상태를 묻고 있다. 다만, 한국복지패널의 경우 대만의 가구패널과 일본의 가구패널 질문 문항을 모두 가지고 있다. 예를 들어, 건강 상태 만족도와 각 질병, 검진 횟수, 술·흡연의 빈도 등이다. 고용과 관련된 주제에서는 4개국 모두 직종, 경제활동 참여 상태, 근로 지속 가능 여부 및 사유, 근로 시간 형태, 고용 형태 등으로 항목이 나누어져 있다. 특히, 대만과 한국의 가구패널에서는 비경제활동 이유에 대한 질문도 언급되어 있다.

자산의 경우 4개국 모두 가족의 전체적인 수입을 조사하는 문항과 정부로부터 지원받는 보조금이나 서비스가 있는지 물어보는 문항들이 있다. 그리고 정기적인 월급을 제외한 이자, 배당이나 보너스 등의 소득에 대해서도 질문하고 있다. 그리고 대만의 경우 본인, 배우자의 소득과 가족의 전체 소득을 구분하여 질문 문항을 구성하고 있지만 일본과 한국의 경우 본인과 배우자의 소득만을 구분하고 있다. 또한 일본 가구패널의 경우에서는 의사결정나무법을 활용한 설문지를 구성하여 가족 중 실제 세대주 역할을 하는 사람과 소득이 많은 사람을 선택하여 구체적인 소득 여부를 확인하고 있다. 그리고 소비 관련 질문에서는 4개국 모두 일상생활에서 지출되는 식사, 보험, 교육, 건강 비용 등을 구분하여 설문이 구성되어 있는 것을 볼 수 있었다.

특히 주거의 경우 홍콩과 대만에서는 이주 및 이민과 관련하여 세부적인 조사 항목이 있었던 반면에 한국과 일본의 경우 주거 형태, 주거 조건, 주거 비용 등이 질문 문항으로 구성되어 있다는 점에서 차별성을 갖는다.

〈표 5-6〉 JHPS/KHPS, HKPSSD, PSFD, 한국복지패널의 공통 주제

인구	성별, 태어난 연도(본인, 배우자, 자녀), 학력
가족	가족관계
건강	건강 상태(본인, 배우자, 자녀)
고용	경제활동 상태
소비	일상생활 지출(식사, 보험, 교육, 건강 비용)
자산	가족 수입, 정부 지원 서비스(보조금 지원 여부), 가족 자산, 고용 수입
주거	주거 형태, 이주 및 이민 여부, 주거 조건, 주거 비용

위와 같이 4개 국가를 비교해 보았을 때, 국가별 패널조사 과정은 조사 시기와 조사 대상의 큰 차이가 없는 것으로 확인되었으나 표본 수는 각국의 표집 비율이 달라 표본의 차이가 있을 것으로 보인다. 더욱이 한국의 경우 일반 가구와 저소득층 가구를 구분하는 기준을 중위소득 60% 미만으로 전체 표본의 약 50%를 할당하였지만, 다른 국가의 경우 저소득층을 구분하는 기준이 다를 뿐만 아니라 할당 비율을 알 수 없다.

구체적으로 조사 영역별 공통된 주제를 살펴보면 인구, 가족, 건강, 고용, 소비와 자산, 주거와 같은 부분은 4개국 모두 구체적인 질문 문항들로 구성되어 비교 가능할 것으로 예상된다. 하지만 각국의 가구패널 조사는 국가별 핵심 주제가 다르기 때문에 데이터 통합 과정에서 공통된 핵심 주제를 정하고 다시 표준화시키는 작업이 쉽지 않을 것으로 보인다. 실질적으로 비교 가능한 변수를 확인하기 위해 한국복지패널을 중심으로 1개 이상의 국가와 동일한 변수가 조사된 경우를 찾아 〈표 5-7〉과 같이 정리하였다. 한국 복지패널, 일본 가구패널, 대만 가구패널의 설문지를 토대로 변수를 비교하였는데 다만, 홍콩 가구패널의 경우 코드북, 설문지 등의 자료를 공개하고 있지 않았기 때문에 홍콩패널리뷰 문헌(Xiaogang, 2016)을 참고하여 비교하였다. 홍콩패널리뷰 문헌에는 구체적인 항목들이 제시되어 있지 않아 변수가 정확한 경우만 '○'로 표시하였고, 부정확하지만 유사한 경우에는 홍콩패널리뷰 문헌에서 사용한 변수명을 기입하였다. 또한 항목 분류에는 있지만 구체적인 변수로는 확인이 불가하여 해당 변수가 없다고 단정 지을 수 없으므로 '×' 표시가 아닌 '-' 표시로 대체하였다. 이와 같은 비교로 4개국 가구패널 간의 주제별 공통 변수를 확인함과 동시에 공통된 항목에 따라 2개 이상의 국가 간 비교가 가능할 것으로 예상된다.

〈표 5-7〉 4개국 가구패널 세부 항목별 비교

변수		한국복지패널	JHPS/KHPS	PSFD	HKPSSD
인구학적 배경					
가구원 수		○	○	×[17)]	○
가구원별	가구주와 관계	○	○	○	○
	동거 여부	○	○	○	-
	혼인 상태	○	○	○	-
	성별	○	○	○	basic info
	생년월	○	○	×	
	교육수준	○	○	×	-
건강					
건강 상태		○ 리커트 5점 척도	○ 리커트 5점 척도	○ 리커트 5점 척도	○
건강검진 여부		○	○	×	-
흡연 빈도		○	○	×	-
하루 흡연 개비 수		○	○	×	-
음주 빈도		○	○	×	-
삶의 만족도		○	×	○ 7점 의미분화척도	-
출산 경험		○	○	×	출산 계획
경제활동 상태					
근로 무능력 사유		○	×	○	-
경제활동 참여 상태		○	○	○	○
근로 시간 형태		○	○	○	-
주당 평균 근로 시간		○	○	○	-
근로 계약 기간 설정 여부		○	○	×	-
사업장 규모		○	○	○	-
비경제활동 사유		○	×	○	-
업종/직종		○	○	×	-
근로 지속 가능성		○	○	×	-
근로 중 단이유		○	○	×	-
구직활동 경험		○	○	×	-
노조 가입 여부		○	○	×	-
주거					
이사 여부		○	○	○	○
주택 유형		○	×	○	-

<table>
<tr><th>변수</th><th>한국복지패널</th><th>JHPS/KHPS</th><th>PSFD</th><th>HKPSSD</th></tr>
<tr><td>방 개수</td><td>○</td><td>×</td><td>○</td><td>-</td></tr>
<tr><td>평수</td><td>○</td><td>×</td><td>○</td><td>-</td></tr>
<tr><td>점유 형태</td><td>○</td><td>×</td><td>○</td><td>-</td></tr>
<tr><td colspan="5">사회보험</td></tr>
<tr><td>공적보험 가입 여부 및 종류</td><td>○</td><td>○</td><td>×</td><td>-</td></tr>
<tr><td>고용보험 가입 여부</td><td>○</td><td>○</td><td>×</td><td>-</td></tr>
<tr><td>건강보험 가입 가구원</td><td>○</td><td>○</td><td>×</td><td>-</td></tr>
<tr><td>국민연금 납부 여부 및 미납 유형</td><td>○</td><td>○</td><td>×</td><td>-</td></tr>
<tr><td colspan="5">생활비</td></tr>
<tr><td>식료품비, 가구, 가사용품비, 의류, 신발비, 보건의료비, 교양오락비, 기타 소비지출</td><td>○</td><td>×</td><td>○</td><td>○</td></tr>
<tr><td colspan="5">소득</td></tr>
<tr><td>근로소득</td><td>○</td><td>○</td><td>×</td><td>○</td></tr>
<tr><td>재산소득</td><td>○</td><td>×</td><td>○</td><td rowspan="3">가계소득</td></tr>
<tr><td>사회보험</td><td>○</td><td>×</td><td>○</td></tr>
<tr><td>기타소득 (증여, 상속, 보상금, 기타)</td><td>○</td><td>×</td><td>○</td></tr>
<tr><td>정부보조금</td><td>○</td><td>×</td><td>○</td><td>○</td></tr>
<tr><td colspan="5">재산</td></tr>
<tr><td>금융자산</td><td>○</td><td>×</td><td>○</td><td>가계자산</td></tr>
<tr><td colspan="5">부채이자</td></tr>
<tr><td>부채</td><td>○</td><td>×</td><td>○</td><td>-</td></tr>
<tr><td colspan="5">정신건강</td></tr>
<tr><td>수면장애</td><td>○</td><td>○</td><td>×</td><td>-</td></tr>
<tr><td>우울감</td><td>○</td><td>○</td><td>×</td><td>-</td></tr>
<tr><td>자아존중감</td><td>○</td><td>○</td><td>×</td><td>-</td></tr>
<tr><td colspan="5">기타</td></tr>
<tr><td>자원봉사활동 횟수</td><td>○</td><td>○</td><td>×</td><td>×</td></tr>
<tr><td>사회적 환경에 대한 의식</td><td>○</td><td>×</td><td>×</td><td>social trust</td></tr>
<tr><td colspan="5">아동</td></tr>
<tr><td>성별</td><td>○</td><td>×</td><td>○</td><td rowspan="3">basic info</td></tr>
<tr><td>생년월일</td><td>○</td><td>×</td><td>○</td></tr>
<tr><td>교육수준</td><td>○</td><td>×</td><td>○</td></tr>
</table>

변수	한국복지패널	JHPS/KHPS	PSFD	HKPSSD
키/몸무게	○	×	×	○
아르바이트 경험	○	×	직업유무	×
교육비지출	○	×	○	○
보호자	○	×	×	caregiver
부모-자녀관계	○	×	○ 7점 의미분화척도	가족상호작용

3. 국제 비교 연구 검토를 통한 국제화 가능성 진단

현재 한국복지패널을 포함하여 국내의 패널자료들은 해외 연구자들이 사용하기 어렵기 때문에 국제 공동 비교 연구 수행이 쉽지 않은 상황이다. 패널 연구의 국제적 활용도를 높이기 위해 국제 비교 연구 검토를 통한 시사점을 얻고자 한다. 우선적으로 문헌 고찰을 통해 국외 패널자료와의 비교 및 공동 연구에 활용 가능하도록 하기 위한 유의점을 살펴볼 필요가 있다. 다른 나라의 패널을 활용하여 비교분석한 연구들과 각 연구를 통해 제시되는 유의점을 살펴보면 다음과 같다.

가. 공동 데이터 구축을 통해 수행된 국내 연구 사례

2006년에 제1차 본조사에 들어간 ‘고령화연구패널조사(KLoSA)’는 HRS(미국), SHARE(유럽), ELSA(영국) 등과 연구 네트워크를 구축하여 데이터베이스사업과 공동 연구를 추진하고 있다(부가청, 장지연, 2006). 이 데이터를 활용한 연구를 통해 제시되는 유의점은 다음과 같다(부가청, 장지연, 2006; 부가청, 2006; 장지연, 부가청, 이혜정, 신현구, 이철희, 장숙랑, 조성일, Berkman, 2008). 먼저 고령화연구패널조사(KLoSA)의

17) 동거 여부에 관한 문항만 있어서 총 가구원 수는 알 수 없음.

국제 비교 활용 가능성과 관련하여 국제 비교 연구를 위한 데이터 네트워크에 참여하기 위해 몇 가지 전제조건을 제시하였다. 첫째, 핵심적인 주제를 포함하여 주요 영역이 비교 대상 자료에 공통적으로 포함되어야 한다(부가청, 장지연, 2006). 고령화연구패널조사는 HRS, ELSA, SHARE 등 다른 나라의 고령자 대상 패널자료와의 비교 연구를 염두에 두면서 초기부터 철저히 조사를 설계하였으며 가족, 건강, 고용과 소득, 자산, 주관적 의식 등을 공통된 주요 조사 영역으로 삼았다. 둘째, 비교하고자 하는 내용이 각각의 국가에서 제대로 포착되기 위해서는 개별 국가의 제도적 특성에 맞는 방식으로 설문 항목이 구성되어야 한다(부가청, 장지연, 2006). 고령화패널조사는 우리나라 공적연금과 의료보장제도의 특성 등 제도적 특성을 반영하여 설문을 구성하였으며, 고용상의 관행이나 선택 가능한 금융상품의 범위까지도 고려하였다. 셋째, 문화적 차이에서 발생하는 가족 간의 경제적 지원이나 재산 관리상의 특성을 포착할 수 있는 설문을 구성하였다(부가청, 장지연, 2006). 마지막으로 척도의 선정에 있어서도 우리나라 고령자들에게 정확하게 의미가 전달될 수 있으면서도 국가 간 비교 연구도 가능한 방식의 척도를 개발하기 위하여 노력하였다(부가청, 장지연, 2006). 또한 조사의 신뢰도와 응답률은 보다 근본적으로 충족되어야 할 전제조건이다. 고령화연구패널조사의 예비조사의 개인응답률은 71.9%로 HRS의 초년도 응답률 82%(가구응답률)보다는 낮지만 ELSA의 67%나 SHARE의 61.8%(가구응답률)보다는 높은 수준을 나타냈다. 2006년 8월부터 시작된 본 조사에서도 이 정도 수준의 응답률을 유지하고 장기적으로도 패널유지율을 높은 수준으로 관리하는 것이 항상 패널조사의 과제이다(부가청, 장지연, 2006; 부가청, 2006).

고령화연구패널을 활용한 중고령자 취업 결정 요인의 국가 간 비교 연구에서는 총 4개국의 비교분석 결과 우리나라와 미국·스웨덴 3국에서 고령자의 경제활동 참가율이 독일보다 높은 것으로 나타났다. 하지만 소득 수준이 낮을수록, 노동시장에서 받을 수 있는 임금수준이 높을수록, 건강 상태가 좋을수록 경제활동에 참가할 가능성이 높다는 기존 연구 결과를 단순히 적용해서는 나머지 세 국가의 경제활동 참가율이 독일보다 높다는 사실을 충분히 이해하기 어렵다. 기존 이론을 적용하여 단순히 고령자의 소득과 건강, 시장임금의 수준 차이로 국가들 간에 차이가 있다고 설명할 수 없으며, 이와 더불어 이 요인들이 작동하는 방식에 차이가 있다는 사실에도 주목해야 한다는 것이다. 우리나라의 경우 고령자의 경제활동 참가 여부를 결정하는 기제가 다른 세 나라와는 다르며, 다른 세 나라와는 반대로 학력이 낮을수록 경제활동에 참여하는 경향이 강한 특징이 있는 등 국가의 특징을 토대로 비교분석을 진행하였다. 따라서 기존 비교 연구에서는 고령자의 경제활동 참가율에 영향을 미치는 복지제도와 노동시장 특성을 특정화하려는 시도들이 이루어졌으며, 본 연구에서는 인적 특성 변수가 경제활동 참가 여부에 영향을 미치는 방식의 국가 간 차이에 주목하며 나라별 특성을 고려하여 결과를 설명하였다(장지연, 부가청, 이혜정, 신현구, 이철희, 장숙랑, 조성일, Berkman, 2008).

고령화연구패널을 활용한 한국 고령 근로자의 종사상 지위와 은퇴기대에 대한 비교 연구에서는 한국과 미국의 기대은퇴 시점을 비교하였으며, 그 결과 한국의 고령 근로자들이 미국의 고령 근로자들에 비해 훨씬 더 늦은 나이에 은퇴할 것으로 기대하는 것으로 나타났다. 그러나 우리나라는 선진국에 비하여 공적연금제도가 도입된 연한이 짧기 때문에 고령자의 소득수준과 소득원의 특징이 선진국과는 매우 다르며 이 때문에 직접적인 비교 연구가 많은 한계를 갖는 것을 제시하였다(장지연, 부가청, 이혜정, 신현구, 이철희, 장숙랑, 조성일, Berkman, 2008).

우리나라보다 인구고령화를 먼저 겪은 선진국의 사례로부터 시사점을 얻어 정책 방향을 설정하는 데 도움을 줄 수 있는 연구의 필요성은 일찍 형성되어 있었으나, 분석에 필요한 데이터가 구축되지 못했었기 때문에 비교 연구가 시작될 수 없었다. 그러나 데이터 구축을 통한 비교분석을 통해 우리나라 고령자들이 처한 현황이 다른 나라의 현실과 유사한지 혹은 차이가 있는지에 대한 이해로 우리나라의 위치를 파악하도록 도우며, 모든 선진국이 하나의 단선적인 발전 경로가 아닌 다양한 경로가 존재하므로 그 가운데 우리가 준거로 삼을 수 있는 선진 사례를 발견하여 정책적 방향을 설정하는 데 도움을 줄 수 있다(장지연, 부가청, 이혜정, 신현구, 이철희, 장숙랑, 조성일, Berkman, 2008). 하지만 결과의 차이가 국가적 맥락의 차이인지, 아니면 조사 방법상의 차이인지에 대한 확신은 매번 과제로 남는다.

나. 공동 데이터 구축 없이 진행된 국내 연구 사례

공동의 데이터 구축작업 없이 활용 가능한 2차 자료들의 분석을 통한 비교 연구들은 다음과 같다. 김기헌, 안선영, 장상수, 김미란, 최동선(2009)이 수행한 아동·청소년의 생활 패턴에 관한 국제 비교 연구는 아동·청소년의 생활 시간 및 배분 수준과 실태를 분석하기 위하여 각 국가의 생활시간 조사 데이터 및 OECD의 국제학업성취도조사(PISA: Programme for International Student Assessment), OECD에서 16세 이상 청소년과 성인을 대상으로 시행한 ALL(Adult Literacy and Life Skills Survey) 자료, 한국청소년패널자료 및 2008년 아동청소년종합실태조사 등의 조사 데이터를 분석하였다. 또한 미국, 일본, 영국 등 주요 선진국의 대학 진학 및 기업 채용 시 입학/입사 전형의 주요 준거 및 평가 방법 분석, 비교 연구 결과를 통해 우리나라 청소년이 낮은 경쟁력을 갖는 것으로 평가되는 원인 분석 및 청소년 활동 및 역량 강화에 대한 정책적 대안을 제시하며, 국내 실태와 주요 국가들의 대학 입시, 기업체 입사 등의 전형 자료를 비교하여 우리나라의 문제점과 시사점을 도출하여 정책적 대안을 제시하였다. 비교 시 ALL 관련해서 문항모수치(item parameter)를 추정하거나 점수를 계산(scaling)하는 방법 등의 차이로 인하여 1차 라운드에 참여한 캐나다, 이탈리아, 스위스, 노르웨이, 버뮤다, 미국 등의 결과와 달리, 한국의 데이터는 평균 500, 표준편차 100의 점수로 추정한 결과를 활용하였다(김기헌 등, 2009). 이에 따라 ALL 1차 보고서의 결과와 한국의 결과를 직접적으로 비교하는 것에 한계를 제시하였다. 문항의 차이는 물론 척도상의 차이로 인해 비교분석이 쉽지 않은 경우가 많다.

국제 비교를 통해 본 한국의 고용불안정(정이환, 2014) 연구에서 한국 자료는 「경제활동인구조사」이고, 미국 자료는 「현재인구조사(Current Population Survey: CPS)」이며, 영국 자료는 「노동력조사(Labor Force Survey)」이다. 독일의 노동력조사 자료는 구할 수가 없어서 패널조사인 「사회경제패널조사(German Socio-Economic Panel Study: SOEP)」 자료를 이용하여 비교분석하였다. 연구 결과 한국, 미국, 영국, 독일의 노동통계 원시자료를 분석하여 임금근로자의 평균 근속 연수를 비교해 보면 한국이 가장 짧고, 그다음이 미국과 영국이며 독일이 가장 긴 것으로 나타났다. 성, 고용 형태, 기업 규모별, 학력별 직장유지율의 차이를 보면 한국에서 가장 크고 다음이 독일이며 영국이 가장 작은 것으로 나타났다. 그러나 이러한 비교는 외국과 한국 고용안정성의 특징적 양상을 드러내었을 뿐, 이런 특징이 나타나는 이유는 설명하지 못하였다. 추측으로 설명이 가능할 수 있으나 정확한 전달을 위해서는 추가적인 연구가 필요하다고 밝히고 있다.

부동산과 복지국가(김항기, 권혁용, 2017) 연구에서는 한국복지패널과 국제 비교 자료인 ISSP2009(국제사회조사프로그램:International Social Survey Program)의 비교분석을 통해 연구 주제를 제시하였다. 연구 결과 국가 간의 차이가 나타나기는 했으나 국가 간의 편차를 분석하기 위해서는 복지국가 특성에 따른 비교 연구가 추가적으로 필요한 것으로 나타났다.

결혼 및 자녀 출산에 관한 한·일 비교분석(조성호, 2016)에서는 여성가족패널과 일본 「젠더와 세대에 관한 국제 비교 조사(Japan Gender and Generation Survey」를 비교분석하였다. 본 연구에서는 한국과 일본 여성에 대하여 비교적 긴 폭(span)의 기간에 걸친 행동(결혼, 출산) 양식에 대하여 분석하였으나 장기간 축적되어 온 패널조사가 아닌 어느 한 시점에서 과거를 회고한 자료를 사용하여 분석하였기 때문에 오래된 코호트일수록 그 이벤트도 매우 과거에 발생하여 현재와 괴리가 생길 가능성이 큰 것으로 보고되었다.

한국 어린이-청소년 행복지수 연구와 국제 비교(박종일, 박찬웅, 서효정, 염유식, 2010) 연구에서는 한국 어린이-청소년행복지수와 2006년 유니세프 보고서를 분석하였다. 주요 목적이 다른 국가와의 비교이기 때문에 이미 여러 국가의 자료가 수집되어 있는 유니세프 항목에 맞추어 조사를 진행하여 여러 항목들이 한국의 사정에는 적합하지 않은 면도 있었지만 비교의 목적을 위해서는 그대로 사용하였다. 모든 영역에 있어 우리나라 현실에 좀 더 적합한 설문 개발과 조사가 추가적으로 이루어져야 한다. 예를 들어 '고용으로의 전환'은 얼마나 많은 학생들이 졸업 후에 자신이 미숙련 일자리를 가지게 되리라 예상하는지를 질문하여 측정하였는데 '일자리'는 우리나라에서 가지는 사회적 지위가 OECD의 다른 나라들보다 낮음을 고려할 때, 이 질문으로 측정하는 '고용으로의 전환'에 대한 타당성에 의문이 제기된다. 사용된 지표 중에서 타당성을 고려해야 할 것들이 존재할 뿐만 아니라 몇 가지 지표는 한국 사정에 너무 맞지 않아 아예 배제한 것들도 있다(예: 콘돔 사용 등). 수동적으로 유니세프에서 축적한 지표와 자료를 빌려와 사용하는 것에서 벗어나, 우리나라의 사정에도 적합하며 다른 나라와의 비교도 가능한 문항들을 개발하여 적극적으로 유니세프와 같은 국제 비교 기관에 제안하는 작업이 필요하다. 또한 다른 영역에 비교하여 유독 매우 낮게 나타난 주관적 행복지수에 대한 심도 있는 연구를 위하여 한국 청소년의 주관적 행복지수에 영향을 미치는 여러 가지 상세한 설문 항목들이 포함된 자료 수집도 필요하다.

이러한 연구들을 통한 시사점은 다음과 같다. 결과적으로 선행 연구들을 살펴본 결과 국내에서 진행하는 국가 간의 비교분석 연구는 국내, 국외의 기존에 수집된 데이터를 활용하거나, 기존에 활용되고 있는 국외 데이터를 중심으로 국내에서 조사설계를 진행하여 비교 연구를 실시하였다. 국내의 데이터와 국제 패널 및 보고서와의 비교 연구를 실시할 때 비교분석 결과를 제시하기는 하나 조사설계에서의 문제들로 인한 한계점을 제시하게 된다. 비교 연구 시 척도나 문항 등이 동일하지 않거나 사회문화적 차이가 반영되지 못하는 부분들이 많아 한계점을 보여주고 있으며, 동일 척도를 통한 분석 결과라고 해도 해석 시 각 나라의 특성에 따라 각각의 설명이 진행되어야 한다. 과거에는 국가 간의 비교분석을 통해 일반적 요인을 파악하는 경우가 많으나 현재는 각 나라의 특성을 고려한 설명까지 연구에 포함한다. 이러한 특성을 제시하기 위해서는 데이터 분석뿐만 아니라 특성을 정확히 파악할 수 있는 또 다른 연구가 추가적으로 진행되어야 해석이 가능해진다.

다. 패널 비교 해외 연구 사례

국가 간 비교에 관한 해외 연구들은 많은 경우, 같은 질문지를 각 나라의 언어로 번역하여 설문조사를 동시에 실시하여 수집된 자료나 이미 수집된 국제 데이터의 2차 자료를 분석하여 결론을 도출한 연구가 대부분이다. 각기 수집된 각 나라의 패널 데이터에 기반한 연구는 찾기 어려운 가운데 그 관련 사례를 정리하면 다음과 같다.

Luthra와 Flashman(2017)의 연구에서는 대학 졸업이 임금에 미치는 영향에 대해 영국, 미국, 독일을 비교하였다. 각 나라의 사회문화적인 배경과 서로 다른 교육 시스템을 논의하며 대학 졸업이 임금에 미치는 영향도 다를 수 있음을 제시하고 각 나라 표본의 대표성이 있는 공공 데이터(영국 National Child Development Study; 미국 National Longitudinal Study of Youth; 독일 National Education Panel Study)를 사용하여 비교하였다. 영국, 미국, 독일 세 국가 간의 비교를 위해, 연구설계와 측정기간에 상당한 공통분모가 있는 데이터 사용하였다. 선행 연구에 기반하여 부모 교육수준, 부모 소득, 인지 능력 등 대학 졸업에 영향을 미칠 다수의 변수들을 반영하여 개인이 대학을 마칠 경향점수계층(propensity score strata)을 분석하고, 대학을 마칠 확률이 높은 그룹과 그렇지 않은 그룹의 임금을 비교하였다. 분석은 각각의 데이터에서 분리되어 진행되었고, 경향점수계층(propensity score strata)에서 영국, 미국, 독일 모두 대학을 마칠 확률이 높은 그룹과 그렇지 않은 그룹 간의 유사한 특징을 보여줌으로써 비교 가능성을 제시하였다. 본 연구는 연구설계, 표본의 유사성이 있으며, 패널 데이터에 이미 존재하는 변수를 활용하여 목표 변수를 점수화(scoring)하는 방법을 사용하여 비교 가능한 데이터를 만들기 위하여 노력하였으나, 비교하는 표본의 나이가 정확히 일치하지 않고, 점수화(scoring)를 위해 사용된 변수의 측정 방법에도 차이가 있어 국가 간 정확한 비교의 한계점을 지적받을 가능성이 있다. 국가 간 비교를 위한 패널 데이터 구축 시, 우리나라 표본의 대표성을 확보하기 위한 연구설계상의 노력과 더불어 비교 대상 국가의 표본과 인구사회학적으로 유사성 확보의 노력이 필요하고, 사용 가능한 변수의 종류와 측정 방법이 타 국가의 패널과 일치될 수 있도록 하는 노력이 필요할 것으로 판단된다.

Nauck, Groepler 그리고 Yi(2017)의 연구에서는 원가정으로부터의 독립에 대한 사회적 차이를 설명하기 위해 국가(미국 National Longitudinal Study of Youth, US; 독일 German Panel Analysis of Intimate Relationships and Family Dynamics; 대만 Taiwanese Youth Project; 중국 China Family Panel Studies) 간 비교 연구를 진행하였다. 데이터 선택의 기준은 공통의 특성(독립 변수 포함)이 존재하여 비교분석이 가능하고, 동년배집단(birth cohorts)에 기반하여 측정 기간 오차가 적고, 대표성이 있는 표본으로 구성된 공공패널 데이터를 선정하는 것이다. 클리닝 과정에서 변수에 대한 사후 결과물의 표준화(output harmonization) 작업이 각각의 데이터 에서 이루어졌다. 예를 들어, 국가마다 개념이 조금씩 다른 도시·농촌 간(urban vs. rural), 소수집단(minority membership)에 대한 개념 차이를 명확히 밝히고, 각 나라의 특성에 따라 분류하되 코딩은 일관되게 적용하였다. 또한 같은 변수를 나타내지만 다수의 문항으로 구성된 다른 측정도구를 사용한 경우, 국가 간 표준화를 위하여 각각의 응답 범위를 백분율(%)로 그룹화(to standardize the data across countries the respective value range was categorized in percentiles)하여 재코딩하였다. 분석은 각 가구 구성원의 나이 집계에 기반하였고, 나라별로 분석을 진행하였다. 본 연구는 사용된 패널 데이터의 연구설계, 연구 시점, 그리고 변수의 문항/

척도에 국가별로 차이가 있음을 제한점으로 명시하고 있다. 국가 간 비교를 위한 패널 구축 시, 비교 대상이 되는 국가들의 패널 데이터 검토를 통하여 연구설계 및 데이터 수집에 대한 유사성 확보가 필요할 것으로 판단된다. 그러나 각 국가의 사회환경적 특성을 고려해야 하는 변수(예; urban vs. rural, minority membership)에 대해 일관적인 척도를 적용하는 것은 주의할 필요가 있는 것으로 판단된다. 이러한 변수 간에 국가별 차이가 있다면 이것이 맥락의 차이인지 측정 방법의 차이인지를 확신하기 어렵다.

French, Sargent-Cox, Kim 그리고 Anstey(2014)의 연구에서는 중년의 알코올 사용과 사회경제적 관계성에 대해 국가(호주 Household Income and Labour Dynamics in Australia; 미국 Health and Retirement Study; 한국 Korean Longitudinal Study of Ageing) 간 차이를 탐색하였다. 같은 시기(2006년)에 수집된 표본 수가 크고, 국가적 대표성(nationally representative)을 가지는 공공 데이터의 45세 이상의 지역거주자로 표본을 한정하였다. 종속변수인 알코올 소비에 대해 미국의 기준에 따라 호주와 한국을 조정하고, 특히 한국의 경우, 알코올 종류와 사용량이 다르게 측정되어 주당 알코올 소비를 나타내기 위해 계산 작업을 거쳐 재코딩하였다. 이미 수집된 공공 데이터에 기반하여 사회경제적 관련 독립변수 사용에 제약이 있었다. 예를 들어, 직업 상태를 나타내는 변수는 알코올 소비에 영향을 미치는 변수로 알려져 있으나 데이터별로 비교 가능한 형태로 수집되지 않아 사용할 수 없었다. 종속변수를 비롯한 변수에 대한 측정 방법의 차이와 필요한 변수의 부재가 본 연구의 제한점으로 명시되었다. 또한 방대한 표본 수에도 불구하고, 작은 셀 크기(예: 알코올 소비가 위험 수준이면서 한국인인 여성 42명)는 통계적 검증력을 약하게 할 수 있는 제한점으로 나타났다. 패널 설계 과정에서 충분한 표본 수의 확보와 선행 연구 검토를 통해 필요한 변수에 대한 포괄적 정보 수집이 가능하도록 하는 것이 필요할 것으로 판단된다. 또한 변수에 대한 데이터 수집 시, 타 국가의 패널에서 사용한 척도나 문항을 동일하게 사용할 수 있다면 데이터 표준화(data harmonization)로 인한 오류를 줄일 수 있을 것이다.

Gebel(2013)의 연구는 비교 가능한 데이터(영국 British Household Study 1991-2009; 독일 German Socio-Economic Panel 1991-2009; 스위스 Swiss Household Panel Survey 1999-2009)를 사용하였다는 내용 외에 상세한 데이터 비교 가능성(comparability)에 대한 정보나 데이터 표준화(harmonization)에 대한 정보는 밝히지 않았다. 예외적 효과가 예상되는 경제 위기 상황의 최근 데이터는 제외하였고, 독일의 경우, 서독과 동독의 경제 상황 차이를 고려하여 따로 분석하였다. 또한 은퇴 과정의 이슈들을 없애기 위해 15-54세의 연령으로 분석 대상을 제한하였다. 본 연구는 연구 문제에 대한 국가 간 비교 가능성을 낮추는 사회경제적 혹은 생애 주기상의 요소를 파악하고 분석 대상을 제한하였다. 국가 간 패널 비교 연구 시, 그룹 내의 동질성(예: 동독/서독의 경제 상황) 혹은 그룹 간의 이질성(예: 경제 위기)을 침해할 수 있는 개인의 발달 주기 혹은 사회환경적 요소를 파악하여 통제하는 것이 필요할 것으로 판단된다.

라. 시사점

각 국가의 패널 데이터를 사용하여 국가를 비교 분석한 해외 연구는 기본적으로 국가적 대표성을 가진 공공 데이터를 선택하여 한 국가의 표본 대표성을 확보하였다. 또한 조사설계, 조사 시기, 인구사회학적 특성(예:

연령, 성별)을 바탕으로 표본의 유사성 등을 고려하여 각국의 패널 데이터를 선택함으로써 기본적인 비교 가능성(compatibility)을 확보한다. 표본 선정 과정에서 일부 연구에서는 시대적 상황이 국가별 이질성 혹은 국가 내 동질성을 상쇄할 수 있는 요소를 파악하여 표본 선택에 적용하기도 하였다. 연구 주제와 관련된 변수들의 선택 후, 서로 다른 문항과 척도를 사용하여 제각기 측정된 변수들에 대해 범위(range) 조정이나, 재코딩, 변수 표준화(standardization), 여러 변수에 기반한 점수화(scoring) 등의 방법을 통하여 비교 가능한 형태로 바꾸는 데이터 표준화(data harmonization) 과정을 대부분 거친다. 이 과정에서 한 국가의 기준에 다른 국가를 맞추어 재코딩하기도 하고(French et al., 2014), 각 나라의 사회환경적 상황을 고려하여 서로 다른 기준을 적용하여 재코딩한 경우도 있었다(Nauk et al., 2017). 이러한 자료 표준화(data harmonization) 과정에서 발생할 수 있는 잠재된 오류가 연구의 한계점으로 명시되기도 하였다(Luthar & Flashman, 2017; French et al., 2014). 통계 분석은 데이터를 병합하기보다 각각 데이터에 대해 따로 분석을 실시하여 결과를 산출하기도 하였다. 분석 결과에 대해 각 국가의 사회환경과 문화적 특성을 반영하여 국가 간 비교를 통한 결론을 도출하였다. 이러한 연구들은 다각적인 사후 조정 작업을 통해 사전 입력 표준화(input harmonization)만이 아니라 사후 결과물 표준화(output harmonization)를 통해서도 국제 비교가 다양하게 가능하다는 사실을 보여주고 있다.

4. 국제 비교를 위한 한국복지패널의 패널 간 연계의 가능성과 과제

3M(Multi-national, Multi-regional, Multi-cultural)으로 일컬어지는 다중 비교 조사가 증가함에 따라 표준화(harmonization)에 대한 관심도 증가하고 있다. 최근 들어 단일국가, 단일지역, 단일문화에서만 유용한 1회성 조사는 점차 존재 이유가 약해지고 있다. World Value Survey, ESS(European Social Survey), ISSP(International Social Survey Programme) 등 공통 조사표를 이용하여 여러 국가에서 동시에 조사가 진행되는 경우뿐 아니라 개별 국가의 통계 전략이나 개별 기관에 의해 수행되는 조사도 그 결과가 사후에 국제적으로 비교되곤 한다(박영실, 박효민, 이영미, 김월화, 2016). 대표적으로 국가 통계의 기본이 되는 센서스는 전 세계에서 수행되는데, UN은 인구 · 가구 · 주택 분야 핵심 항목을 선정하여, 이 항목을 센서스에서 반드시 질문할 것을 권고하고 있다. 이 외에도 노동력 조사, 생활 시간 조사 등 국가통계기관에서 작성되는 통계의 상당수도 국제기구에서 제공하는 방법론을 사용하여 조사하고 있다. 이와 같은 국제 비교 연구에서의 핵심은 비교 가능성(comparability)이며 이에 따라 조사의 전 과정에 대한 데이터 표준화(data harmonization)가 중요한 이슈로 부각되고 있다(Granda & Blasczyk, 2016).

국제 비교를 위해서는 데이터 표준화 작업이 필수적인데, 한국복지패널의 패널 간 연계에서는 방향에 따라 설문지나 코드북의 영문화만으로 끝나는 작업일 수도 있고, 비슷한 해외 패널의 링크를 걸어 소개할 수도 있다. 아니면 고령화연구패널조사(KLoSA)처럼 HRS, ELSA, SHARE 등 다른 나라의 고령자 대상 패널자료와의 비교 연구를 염두에 두면서 새롭게 조사를 설계할 수도 있다. 비교 연구를 염두에 둔다면 자료 접근성, 사전 표준화, 사후 표준화 등의 이슈들을 체계적으로 검토하여야 한다.

가. 한국복지패널에 대한 해외 연구자의 자료 접근성 평가

현재 한국복지패널 영문 홈페이지에서는 데이터(Data) 하위 4가지 메뉴(데이터, 질문지, 유저가이드, 코딩북) 가운데 유저가이드 메뉴에서만 영문 유저가이드(koweps_UserGuide.pdf)를 다운로드받을 수 있고, 다른 모든 메뉴는 비활성화되어 자료를 구할 수 없는 상태이다. 질문지는 영문 초안이 완성된 단계이지만 다수의 비문이 포함되어 있고, 차수에 따라 변화한 질문지의 내용을 담고 있지 못하다. 영문 유저가이드 역시 같은 문제로 수정이 요구된다. 이 때문에 해외 연구자의 자료 접근성은 매우 낮은 것으로 평가할 수 있다. 반면 한국노동패널의 경우, 데이터(1~17차수별), 유저가이드, 분야별 설문지, 코드북이 모두 영문 자료로 제공되고 있다.

만약 한국복지패널의 영문화 작업이 완료되어 영어 자료가 마련되면, 데이터 제공 절차는 어떻게 할지에 대한 고민이 추가되어야 한다. 예를 들어 연구계획서를 확인한 후 제공하고 그 이후 사용 후기 및 결과물을 요청하는 사후 작업이 필요하다. 또한 해외 주요 학회에서 데이터 워크숍을 진행하여 한국복지패널에 대한 관심을 높이고 활용을 높일 수 있다. 미국의 NLSY(National Longitudinal Survey of Youth), PSID(Panel Study of Income Dynamics) 등의 경우 데이터가 점점 복잡해지면서 활용도가 낮아지자 신진 연구 인력을 대상으로 데이터 워크숍을 진행하여 활용도를 높이고 있다.

나. 사전 입력의 표준화

표준화는 조사방법론 영역에서 사전 입력(input) 표준화와 사후 결과물(output) 표준화 두 가지로 나눌 수 있다(Granda & Blasczyk, 2016). 사전 입력(input) 표준화는 모든 국가 혹은 하위 지역 내 조사에서 표준화된 측정 방법 및 과정을 적용하는 것을 목표로 한다. 이것은 전향적(prospective) 방향으로 개념 · 지표 · 분류체계 · 기술적인 요구 조건의 표준화를 통해 이뤄진다. 패널조사 측면에서 본다면 비교를 전제하여 여러 주체가 공동 기획하여 공동 진행하는 경우를 말한다(박영실, 박효민, 이영미, 김월화, 2016). 반면에 사후 결과물(output) 표준화는 국가 혹은 지역에서 측정된 개별 수치를 통일된 측정 방식으로 사후에 조정하는 것을 일컫는다. 국제 비교에서 어떤 형태의 전략을 선택할지는 각국의 통계 시스템에 따라 달라질 수 있는데, 만일 조사 과정이 중앙에서 통제된다면 사전 입력 표준화를 사용하고, 조사 과정이 주로 개별 국가나 기관에 의해 결정된다면 사후 결과물 표준화를 고려할 수 있다(박영실, 박효민, 이영미, 김월화, 2016).

이러한 개념은 국가 간 비교뿐 아니라 국가 내 다양한 조사의 비교에도 적용될 수 있다. 한 국가 내에서 개인·가구 혹은 사업체를 대상으로 다양한 조사가 실시 중인데, 모든 조사에서 공통적으로 묻는 항목이 있음에도 불구하고, 조사 간 항목 차이로 인해 사회 전반적인 현황을 비교해서 살펴보는 것이 어렵다는 문제가 제기되고 있다. 물론 항목 표준화가 기관 및 조사의 차별성을 무시할 수 있다는 점에서 우려의 목소리를 제기할 수도 있다. 그러나 항목 표준화는 단일의 기준을 제시하는 것은 아니다. 조사의 특성에 따라서 취사선택할 수 있는 다양한 선택지를 제공하되, 이 선택지들 간에는 최소한도로 준수해야 할 공통 기준을 마련할 필요가 있다. 서로 다른 조사일지라도 동일 항목에 해서 표준 질문을 사용한다면, 비교 가능성이 증가하여 사회 전반적인 현황을 통찰력 있게 살펴볼 수 있고 유사 내용에 대한 반복 조사의 감소로 사회적 비용을 절감할 수 있다(박영실, 박효민, 이영미, 김월화, 2016). 최종적으로는 자료 통합, 표준화 등에 실패하여 국내적 혹은 국제적으로 비교 가능성이 낮은 데이터는 점점 더 생존하기 어려울 것이다.

따라서 한국복지패널도 적극적 방식으로 비슷한 내용의 패널조사를 진행하는 국제 기관을 찾아 공동으로 기획하고 공동으로 진행하는 방식을 적극적으로 검토할 필요가 있다. 고령화연구패널조사(KLoSA)는 처음부터 국제적 연구 네트워크를 구성하고 같이 설계하는 방식을 사용하였다. 고령화연구패널조사(KLoSA)는 미국과 유럽에서 실시하고 있는 고령자 패널조사의 사전 경험을 벤치마킹하였고, 이 자료들이 조사하고 있는 핵심 주제를 모두 포괄하였다(부가청, 2006). 이는 자료의 생산 단계에서부터 비교 연구 가능성과 통합 DB의 구축을 염두에 두고 조사를 설계하고 진행하였다. 한국복지패널의 경우 아동, 가족, 복지 등의 이슈가 많은 조사 내용이므로 처음부터 전 세계적 비교를 진행하기보다 유교문화와 가족주의 전통을 공유하고 있는 동아시아권과 이런 공동 기획을 진행하는 것이 현실적일 것으로 판단된다. 아시아 내 대표적 패널조사를 찾아 살펴본 결과 현재는 일본 가구패널(JHPS/KHPS), 홍콩 Hong Kong Panel Study of Social Dynamics (HKPSSD), 대만 Panel Study of Family Dynamics(PSFD, 한국복지패널 간에는 공통 설문의 내용이 많지 않기 때문에 향후 국제 비교를 진행하기 위해서는 연구 네트워크를 구성해 새롭게 진행할 필요가 있다고 판단된다.

향후 조사 자료의 효용가치를 제고하기 위해서는 처음부터 국제 비교라는 관점을 염두에 두고 국제 기준과 일관성을 가질 수 있는 설문 항목과 정의를 이용해야 한다(강석훈, 1998). 또한 국제 간 비교 연구가 가능한 자료를 생산하기 위해서는 공통 주제를 모두 포함시키되, 각각의 세부 항목은 개별 국가의 제도적, 문화적 차이를 반영하도록 설계되어야 현상적으로 나타나는 국가별 차이를 설명할 수 있다(부가청, 2006). 외국에서 사용하는 설문지를 그대로 번역해서 사용한다면 그런 설문은 오히려 각 국가의 실태를 정확히 포착하지 못하게 될 가능성이 있고 그 결과 비교 연구도 용이하지 않게 될 수 있다. 그러므로 국제 비교가 가능한 데이터를 생산하는 데 있어 세부 항목을 개발하는 과정은 특별한 주의를 요구한다. 현상을 올바로 포착하기 위하여 고려되어야 하는 부분은 다음과 같은 것들이다(부가청, 장지연, 2006). 첫째, 제도의 차이가 반영되어야 한다. 예컨대 국민연금제도나 건강보험제도 등 제도적 차이점들이 설문의 구성에 반영되어야 한다. 둘째, 문화적 차이나 사회적 관행의 차이가 반영되어야 한다. 여기서는 흔히 사용하는 용어나 인식의 차이도 포함된다. 이것은 설문 항목의 조정이나 응답 단위의 선정 방식을 통해서 반영되기도 하고 적합한 방식의 척도 개발을 통해 구현되기도 한다. 이러한 작업들이 선행되어야 하므로 사전 입력의 표준화에는 철저한 사전 기획이 요구된다고 할 수 있다.

〈표 5-8〉 사전 입력의 표준화(input harmonization) 방법

적극적 방법	소극적 방법
다른 패널 연구진과의 직접 연계를 통한 공통 설문 진행	국제적으로 비교 가능한 지표 포함

가장 소극적 방식으로는 인구통계학적 특성 등 조사 과정에서 반드시 들어가는 변수들을 표준화하여 한국복지패널에 조사 항목으로 포함하는 방식을 생각해볼 수 있다. 성별, 연령, 교육 정도, 소득, 혼인 상태, 점유

형태, 장애, 이민 지위 등의 변수는 모든 조사에 포함될 가능성이 높기 때문에 표준화된 조사 항목을 사용하여 비교 가능성을 높이는 작업을 한다면 국내 조사 간은 물론 국제 조사 간에도 비교 가능할 것이다.

하지만 이것도 국가별 맥락과 의미를 반영해야 한다. 예를 들어 교육정도에서 발생할 수 있는 이슈는 각 국가 간 교육제도가 상이하다는 점이다. 우리나라의 초등교육 수료가 항상 다른 국가의 초등교육 수료와 같은 의미를 지니지는 않는다. 따라서 국제적인 비교를 위해 자료를 생성하거나 보고할 때는 각 교육 단계와 더불어 교육 연수를 함께 제시해 주는 것이 바람직하며, 자료 수집에서도 이를 고려한 항목설계가 필요하다. 또한 우리나라 조사는 대부분 전통적인 결혼관계를 가정하고 질문을 하는 경우가 많으나 국제적으로는 법률혼과 구분되는 사실혼 관계를 측정하는 추세이다. 모든 항목에 대해 일관적으로 행정자료를 기준으로 하기보다는 현실을 가장 잘 반영할 수 있는 측정 방법에 대한 고민과 표준화가 이루어져야 할 것이다(박영실, 박효민, 이영미, 김월화, 2016).

다. 사후 결과물의 표준화

해외 연구기관과 같이 연구설계를 공동 진행하는 사전 입력 표준화 방식이 가장 바람직하다. 하지만 이는 상당한 시간과 노력이 소요될 것으로 판단된다. 따라서 가장 현실적인 방안은 사후 비교를 위한 결과물 표준화가 될 것인데 이를 위해서는 가장 먼저 질문지와 코드북을 제대로 영어로 번역하는 작업이 선행되어야 한다. 또한 해외 학술지 심사에서는 연구 방법 중에 신뢰성과 타당성이 확보된 척도 사용이 중요하므로 척도의 출처도 명확하게 정리하여 외국의 연구자들도 관심을 가질 수 있도록 유도할 필요가 있다. 더불어 한국복지패널 연구진들이 비슷한 목적으로 진행된 해외 패널과의 비교를 진행해야 한다. 이를 위해 먼저 비슷한 해외 패널을 찾는 작업이 필요하다. 또한 표집상의 상이점을 줄이기 위한 노력도 필요하다. 이는 국제적 비교를 위해 표본 내에서 동일한 비교집단을 선정하는 방안이나 간단한 표집상의 차이는 표본가중치 부여를 통해 개선 가능하다. 이를 위해서는 인구통계학적 특성이 국제적으로 비교 가능한 형태로 구성되어야 하는 것이 선행되어야 한다.

〈표 5-9〉 사후 결과물의 표준화(output harmonization) 방식

01	설문지 코드북 번역
02	비슷한 연구 목적의 해외 패널 확인
03	표준화(harmonization)를 통한 실제 분석으로 국제 비교 진행

그다음으로 각 패널 내에 문항이 동일하거나 비슷한 것을 찾는 작업이 진행되고 만약 찾게 되면 척도상의 차이는 표준화 점수를 통해 비교집단별 응답 차이를 조정하거나 척도가 다른 경우 100점으로 환산하여 조정하는 방안이 있을 수 있다. 표준화 점수를 사용하는 경우 평균 비교가 불가능하기 때문에 점수 차이를 정확하게 이해하기 어렵고 영향 요인 연구에서만 이용할 수 있을 것이다. 좀 더 정확성을 높이기 위해서는 확인적 요인 분석을 통해 국가 간 측정 동일성을 확인하는 작업도 진행하고 경향 점수 방법이나 문항반응이론(IRT: item response theory)을 통해 답변 확률을 조정하는 것도 가능하다. 아무리 다양한 조치를 진행해도 사후 조정 작업은 오류가 생길 가능성이 높으므로 다각적 방안(triangulation)을 통해 검증할 필요가 있다.

사후 결과물 표준화 과정에서 한국노동패널이 진행하고 있는 Equivalent File 프로젝트는 한국복지패널이 벤치마킹할 만하다. 한국노동패널은

2009년부터 Equivalent File 프로젝트를 통해 외국 패널자료들과 비교가 가능하도록 CNEF(Cross-National Equivalent File)로 연계하여 사용할 수 있도록 하고 있다(https://cnef.ehe.osu.edu/). 여기에는 한국노동패널 외에도 영국 British Household Panel Study(BHPS), 호주 Household Income and Labour Dynamics in Australia(HILDA), 미국 Panel Study of Income Dynamics(PSID), 러시아 Russia Longitudinal Monitoring Survey(RLMS-HSE), 스위스 Swiss Household Panel(SHP), 캐나다 Canadian Survey of Labour and Income Dynamics(SLID), 독일 German Socio-Economic Panel(SOEP) 등의 다양한 국가 자료가 포함되어 있다. 이를 통해 국가 간에 동등한 변수를 공식화하기 위한 지침이 함께 제공되어 국제 비교 연구를 쉽게 진행할 수 있게 된다.

라. 향후 패널 데이터 국제화를 위한 제언

한국복지패널은 국내의 '한국노동패널', '한국아동청소년패널' 등의 데이터와 비교분석을 가능하게 하기 위해 동일 측정 영역을 고려하였으나 국제 비교 연구 활용 가능성은 낮은 편이다. 그럼에도 불구하고 기존 패널자료의 국제적 활용 가능성을 높이기 위해서는 1단계로 설문지와 코드북을 영어로 번역하는 작업이 선행되어야 한다. 또한 2단계로서 한국복지패널을 홍보하기 위한 국내외에서 개최되는 관련 국제학회 내에서의 패널 설명회나 데이터 워크숍을 진행할 필요가 있다. 3단계로서는 비슷한 연구 목적의 해외 패널자료를 찾아 Equivalent File 프로젝트에 기반한 사후 결과물 표준화(output harmonization)를 통해 국제 비교를 선도적으로 진행할 필요가 있다. 하지만 동아시아 지역의 유사 패널과 비교한 결과, 다른 패널과 비교 가능한 동일 측정 영역이 적으며, 조사 대상자의 핵심적인 주제와 주요 조사 영역을 다른 패널과 체계적으로 일치시키지 못한 것으로 나타났다. 또한 우리나라의 특성을 반영하여 설문을 구성한 과정의 적합성과 체계성이 부족하며, 국제 비교를 위한 타 국가의 패널에 대한 검토가 부족하였다. 따라서 국제 간 비교분석이 가능하기 위해서는 먼저 다른 나라의 비교 가능한 패널 데이터에 대한 이해가 정확히 진행되어야 한다. 궁극적으로 한국복지패널도 2009년부터 진행된 한국노동패널의 Equivalent File 프로젝트와 유사한 노력을 통해 외국 패널 자료들과 비교가 가능하도록 제공할 필요가 있다.

〈표 5-10〉 단계별 진행 방안

기존 패널 자료를 활용하는 방안	새로운 패널 자료를 수집하는 방안
01 설문지, 코드북 번역	04 타 기관과 사전 공동 기획하여 조사 진행 → 사전 입력(input) 표준화
02 국제학회 설명회, 데이터 워크숍	05 국제 비교를 위한 공동 연구
03 기존 자료의 표준화(harmonization)를 통한 국제 비교 → 사후 결과물(ouput) 표준화	

각 나라의 패널 데이터를 통한 비교 연구의 한계와 오류를 최소화하기 위해서는 우리나라의 특성을 고려한 벤치마킹을 통한 조사설계가 매우 중요하다. 패널 데이터를 사용하는 과정에서 변수의 측정 방법에 차이가 있어 각 국가의 기준 혹은 사회환경적 상황을 고려하여 서로 다른 데이터 표준화의 과정을 거치는데 이 표준화 과정을 거치더라도 각각 데이터의 차이는 여전히 남아 있을 수 있고, 그에 따른 오류도 발생할 것이다. 또한 필요한 변수가 타 국가의 데이터에는 존재하지 않거나 존재한다고 하더

라도 전혀 다른 측정 방법을 사용함으로써 변수 사용에 제한이 있을 수도 있다. 이를 극복하기 위해서는 비교하고자 하는 국가의 패널 데이터의 조사 방법과 측정 도구 등에 대한 벤치마킹과 선행 연구 검토를 통해 사용 가능 변수에 대한 정보를 포괄적으로 수집하는 것이 필요하다. 먼저 비교 연구의 표본과 동일한 조사 결과의 대표성을 확보하고 적합한 조사 과정을 진행할 수 있도록 비교 패널의 조사 연구 계획부터 조사의 실행, 통계 분석에 이르기까지 각 단계의 과정을 체계적으로 살펴보아야 한다. 선행 연구의 검토를 통한 척도를 구성하고, 척도의 국가별 특성이 고려되는지 파악하여 각 나라에 적합한 표현과 체계적 구성을 갖추고 통계 분석 방법을 고려한 설문지 작성 검토, 모집단의 대표성을 확보할 수 있는 표본추출 방법에 대한 동일성과 적합성 모두가 충족되어야 한다. 이를 집행하기 위한 가장 좋은 방식은 해외 유관 기관과의 공동 기획을 통한 공동 연구 진행이 가장 적절할 것으로 판단된다.

1990년대 이후로 국제 비교가 가능한 데이터 생산이 많아지고 있다. 이는 국가 간 조사 자료의 네트워크가 예전보다 용이하게 되었을 뿐만 아니라, 학제 간의 연구의 증가와 국제 비교 연구가 더욱 요구되었기 때문이다. 비교 연구를 위한 데이터 네트워크에 참여하기 위해서는 몇 가지 전제조건을 충족하여야한다. 국제 비교가 가능하기 위해서는 첫째, 핵심적인 주제를 포함하여 주요 영역이 비교 대상 자료에 공통적으로 포함되어야 한다. 둘째, 비교하고자 하는 내용이 각각의 국가에서 제대로 포착되기 위해서는 개별 국가의 특성에 맞는 방식으로 설문 항목이 구성되어야 한다. 우리나라의 제도적 특성을 반영하여 설문을 구성하며, 문화적 차이를 포착할 수 있는 설문을 구성하고, 척도의 선정에 있어서도 우리나라 응답자들에게 정확하게 의미가 전달될 수 있으면서도 국가 간 비교 연구도 가능한 방식의 척도를 개발해야 한다.

만약 근시일 내에 이런 과정이 진행되기 어렵다면 국제적으로 많이 활용되는 공통의 변수를 투입하는 소극적 방안을 검토해볼 필요가 있다. 예를 들어 비교분석을 위해 정확한 인구사회학적 정보 수집은 필수적이다. 패널 데이터를 이용한 국가 간 비교 연구는 대부분 비교 가능한 그룹의 선정에 있어 연령이나 성별 등 인구사회학적 특성을 그 기준으로 하고 있기 때문에 정확한 정보가 필요하다. 현재 연령 정보 수집 시 연 나이가 일반적으로 사용되는 우리나라와 달리 외국의 경우에는 만 나이가 사용되고 있기 때문에 그 중요성이 더 강조되어야 한다. 또한 초·중·고의 정규학제 시스템에 나라별로 차이가 있으며 특히, 아동·청소년 관련 패널 데이터 비교 연구에서는 학년을 기준으로 하는 것은 타당하지 않을 수 있다. 비교 그룹 선정에 있어 이러한 차이를 최소화하기 위해서는 만 나이를 수집하거나 생년(birth date)을 수집하여 당해의 정확한 나이를 계산하여 사용할 수 있도록 하는 것이 타당할 것으로 판단된다.

서로 다른 국내외 조사일지라도 동일 항목에 해서 표준 질문을 사용한다면, 비교 가능성이 증가하여 사회 전반적인 현황을 통찰력 있게 살펴볼 수 있을 것이다. 따라서 새로운 조사의 집행보다는 연계기법을 활용하여 기존 자료에 기반한 새로운 자료를 2차적으로 생산해낸다면, 유사 내용에 대한 반복 조사의 감소로 비용을 절감시킬 뿐 아니라 서로 다른 주제를 통합하여 살펴볼 수 있다(박영실, 박효민, 이영미, 김월화, 2016). 이러한 다양한 방안들을 단계적 혹은 체계적으로 진행하여 한국복지패널의 국제화를 앞당길 수 있을 것이다.

제6장 결론: 개선 과제

6 결론: 개선 과제

본 연구는 한국복지패널의 질 제고를 위하여 동 자료의 현황을 분석하였다. 현황은 표본과 가중치, 조사 방식, 그리고 자료의 활용을 중심으로 분석하였다. 본 장에서는 동 분석 내용의 결과를 검토하고 과제를 정리하고자 한다.

제1절 분석 결과 요약과 함의

분석 결과를 이슈별로 정리하면 다음과 같다. 표본과 가중치에 대한 검토는 대표성과 안정성 확보를 초점으로 하였다. 한국복지패널의 역사가 길어지면서 표본이탈의 비체계성을 확보하기 어려운 상황에 있다. 7차 또는 9차 웨이브에는 원가구 패널의 대표성이 급격히 악화되고 있었다. 표본유실이 누적되면서 가중치의 극단값들이 보이고 있다. 대표성 관련 지표 분석 결과를 보면 다행스럽게도 신규 패널이 투입된 시점 이후로 대표성 지표들이 안정화되고 있다.

표본이탈은 줄여야 하지만 표본이탈은 계속될 수밖에 없다. 따라서 가중치 변화 분석을 통해 어떤 층에서 표본이 이탈되어 가중치에 영향을 미치는지 확인해 보아야 한다. 한편, 신규 표본 추가 시, 신규 표본에 대한 특성을 자세히 기술하고, 원표본과의 특성을 제시하여 데이터에 대한 이해도 제고하고자 한다. 그리고 기존의 원패널 특성과 신규 패널의 특성의 이질성을 최소화할 수 있도록 패널 소실분에 대한 표본 추가 방법에 대한 연구도 필요하다.

조사 방식에 대한 검토는 정확성과 효율성 제고를 초점으로 하였다. 한국복지패널의 조사팀의 운영, CAPI 시스템, 인포시트을 진단하고, 조사 소요 시간 등을 분석하였다. 조사 방식을 개선하기 위하여 한국복지패널의 경우 단계적으로 지역 조사팀을 구축 중이다. 그리고 변동 가능성이 적은 조사 문항에 대하여 인포시트를 CAPI 시스템에 입력·활용하면서 조사의 정확성을 높이기 위한 지원을 하고 있다. 하지만 조사원의 연령이 높아지면서 향후 장기적인 조사 방식에 대한 검토가 필요한 상황이며 조사 문항의 수가 많고 조사 내용이 방대하여 조사 소요 시간이 길다는 문제를 안고 있다. 일부 문항의 경우에는 유효 응답을 확보할 수 있는가라는 의문이 발생할 수 있는 수준의 응답률을 보이고 있기도 하다. 패널은 조사 결과의 안정성을 유지하기 위해서는 조사 방식 개선에 보수적인 접근을 제안할 수밖에 없다. 그러나 장기적으로는 조사 관리 시스템의 개선을 꾸준하게 준비할 필요가 있다. 지역조사팀의 강화, 사후 검증조사와 이 조사를 통한 표본유실의 원인 규명 등은 강화되어야 할 숙제로 나타났다. 한편 CAPI 시스템이나 인포시트의 운영에서도 미래의 조사 방식 변화를 고려하여야 하고 단기간으로 한정하여 보아도 조사 기간에 대한 영향이나 조사의 정확성에 미치는 영향을 보다 면밀하게 조사·보완할 필요성이 있다.

한국복지패널의 조사 지속 가능성을 위해서는 조사지도원을 양성하거나, 패널의 외부 위탁을 검토하는 중장기 개선이 필요하다. 이때 조사지도원의 양성과 패널의 외부 위탁은 그 성격이 충돌하는 것은 아니다. 즉, 조사지도원을 양성하는 것은 신규 표본이 아닌 기존 표본의 지속적인 조사를 위해 필수적이다. 외부 위탁 방식에 대한 검토도 계속되어야 한다. 특히 복지패널의 표본이탈에 따라 신규 표본이 추가될 경우에 외부 위탁을 고려할 수 있다. 조사에 큰 영향을 주는 설문 구성과 소요 시간에 대한 분석을 한 결과 유효응답이 매우 작은 문항이 적지 않다. 반면 설문 시간은 매우 길어서 설문 문항에 대한 재구성 등을 고려하여야 할 것이다.

패널조사의 활용에 대해서는 효과성이라는 가치를 중심으로 검토하였다. 한국복지패널은 자료에 대한 접근성을 지속적으로 개선하여 왔다. 이용자의 의견에 따라 머지데이터 제공, 공개 시점 변경, 1회에 한하여 이용자 정보 요청 등 제공 방식을 변경한 바 있다. 최근 한국복지패널을 활용한 연구, 그중에서도 종단적 분석을 하는 연구가 증가 중에 있다. 분석한 연구의 주 개념의 공출현 빈도를 고려할 때, 소득이나 재산과 같은 복지패널의 견고한 기초 정보를 근간으로 인구집단별, 주제별 연구로 핵심 주제가 이동, 확산 중인 것으로 판단된다. 다만 빈곤으로 한정한 분석은 차츰 비중이 낮아지는 것으로 추정된다. 한국복지패널을 활용한 종단 연구 등 우수 연구의 워킹페이퍼 시리즈 발간을 적극 검토하여 연구의 확산을 지원하여야 할 것으로 판단된다. 그리고 향후 일정 변수에 한정한 선택적 자료 다운로드, 연구의 공유 권장 등 자료 접근성과 분석 방식 등의 공유 기회를 넓히는 개선이 필요하다. 패널조사의 부담을 고려할 때 활용도를 기반으로 설문의 변화를 중장기 기획으로 진행하여야 할 것이다.

한국복지패널은 국제 비교 연구에서 활용될 가능성이 상대적으로 낮은 편이다. 패널자료의 국제적 활용 가능성을 높이기 위해서는 동 자료의 번역작업과 자료의 홍보가 병행되어야 한다. 그리고 자료의 활용을 위하여 사후 결과물 표준화(output harmonization)도 시도하여야 할 것이다. 이러한 준비에 앞서 필요한 것은 다른 나라의 비교 가능한 패널 데이터에 대한 이해이므로 사전 연구의 보강도 이루어져야 할 것이다.

제2절 한국복지패널의 질 제고 방안

본 연구의 본론에서 진행된 분석 결과에 기초하여 제안된 각 개선 과제를 정리하고자 한다. 개선안은 단기에 적용할 수 있는 내용과 중장기 적용할 내용으로 구분하여 정리하였다. 그리고 이슈별로 본론의 내용과 맥락이 같도록 유지하면서 표본과 가중치, 조사 운영, 자료 활용으로 정리하였다. 다만 지속적인 질 관리를 위한 연구와 기획을 별도로 정리하였다. 앞서 논의한 대부분의 과제가 이번 연구로 구체적 개선 방식을 모두 파악하기 어렵고 이후 개선을 위하여 과제별 연구를 심도 깊게 진행한 후 실제 적용이나 반영이 가능하기 때문이다.

〈표 6-1〉 한국복지패널의 질 제고를 위한 향후 개선 과제

구분	2018년	5년	10년	지향하는 가치
표본과 가중치	표본이탈 원인·영향 분석 원패널, 통합패널로 구분하여 데이터 및 가중치 제공 종단가중치 강화	표본 및 가중치에 대한 심층보고서 발간 신규 표본 추가 시점 확인 및 추가 기획	하위 소득계층 과밀 표집에 대한 재검토와 개선안 반영 표본교체 등 장기 계획과 예산 확보	대표성 안정성
조사 운영	조사지도원 양성 조사에 대한 대가 지불에서 사전과 사후 혼합 방식 검토 조사 후 무작위 사례 사후 점검 조사원별 조사 상황 분석과 반영 유실표본과 그 원인에 대한 분석	지역조사팀 확충, 구축 조사표 내용 중 선별 축소 조정 추진 인포시트의 영향 분석과 구성 개선 (계속)	신규 패널 외부 위탁 준비	정확성 안정성 효율성

구분	2018년	5년	10년	지향하는 가치
자료 활용	자료 제공 방식의 변화 학술대회 활성화, 대학원세션 포스터 발표 등으로 기회 확대 연합학술대회 추진 해외 패널 분석 및 표준화 준비 일본 및 가능한 수준의 국제 협력 연구	필요 변수로 한정 다운로드하는 방식 등 검토 이용자 포럼 운영 워킹페이퍼 시리즈 발간(주제별, 질 관리 관련) 국제학술대회 등 자료의 해외 공개 기회 마련	해외 패널자료 소스 공유 및 업로드 추진 국제 학술대회 정기화	효율성 효과성
질 제고를 위한 연구 기획	해외 패널 분석과 표준화 방안 마련(이와 함께 설문 문항에 대한 분석과 개선안도 도출) 가중치, 국제학술대회 준비 관련 연구	표본이탈과 그 영향 분석, 표본 추가 및 가중치 조정에 대한 연구	지속적인 질 관리 과제 개발	근거 기반 개선

표본가중치와 관련하여서는 우선 표본이탈과 그 영향에 대한 분석을 하여야 할 것이다. 그리고 중장기적으로는 신규 표본의 추가 시점을 확인하고 표본 추가 기획을 하여야 할 것이다. 한편 표본을 추가하는 과정에서 과거 하위 소득계층의 과밀표집을 벗어나고 대표성을 높이기 위한 표본 규모의 확대와 예산 확보 등도 검토하여야 할 것이다.

조사의 운영과 관련하여서는 우선 조사의 부담을 고려하여 조사 내용의 검토와 수정 보완을 추진하여야 할 것이다. 사후 검증 강화는 단기적으로 수행할 수 있을 것이며 지역조사팀의 확충은 지속 추진할 과제이다. 인포시트의 개선은 그 영향에 대한 보다 정교한 분석이 필요하며 향후 웹 기반 조사 등 조사 방식의 변경도 고려한 개선 방식 점검이 이루어져야 할 것이다. 장기적으로는 조사원의 고령화와 조사 부담의 문제 등으로 외부 위탁에 대한 검토도 필요하다. 하지만 이 검토는 앞의 이슈 즉 표본과 가중치와 무관하지 않은데 조사의 안정성을 유지하기 위하여 조사 진행 중인 표본에 대하여 외부 위탁 방식으로 조사를 변경하는 것이 선호되지 않으므로 신규 표본을 중심으로 외부 위탁을 확대하는 안 등에 대하여 종합 검토할 필요가 있다. 만약 표본의 크기를 확대하여 간다면 이러한 과정은 더 속도를 내어야 할 것이다.

자료의 활용은 자료의 존재 이유를 고려할 때 매우 중요한 이슈이다. 자료의 활용도를 높이기 위하여 자료 제공 방식은 꾸준하게 개선하여야 할 것이다. 하지만 이 부분은 이미 상당 부분 개선이 이루어진 상태이다. 학술대회의 활성화와 이를 위한 자료설명회 내실화 등도 단기적인 과제라 할 수 있다. 한편 해외 패널자료와의 표준화를 준비하기 위한 심층 연구를 수행하고 이후 단계적인 사후 표준화, 국제 비교 연구가 가능하도록 할 필요가 있다. 이용자 포럼을 정기화하고 이용자가 필요한 변수를 중심으로 보다 효율적으로 자료를 다운로드하여 분석할 수 있도록 하는 등의 접근성 강화, 효율성 강화도 중장기 과제로 고려하여야 할 것이다. 한편 질 관리와 관련된 연구를 상설화하고 이를 일련의 연구물로 축적할 수 있도록 하여야 할 것이다. 중장기적인 연구 과제들은 계속 개발하여 나가야 할 것이지만 중기 과제로 표본 대체를 준비하는 과제는 2019년 이후 센서스 조사 등의 일정을 고려하여 진행하여야 할 것이다.

한국복지패널의 개선은 원내 패널 협의체와 보건사회연구원·서울대 복지패널 협의체의 논의를 거치면서 구체화된 합의를 도출하여야 할 것이다. 이러한 절차를 거치면서 내용의 견고함과 안정성을 담보하는 개선을 추진할 수 있을 것으로 기대한다.

참고문헌

강석훈. (1998). 유럽의 패널조사 현황과 시사점: 가구패널조사와 국제비교학적인 관점을 중심으로. 한국노동패널 워킹페이퍼 시리즈.

강신욱, 박능후, 이병희, 정희선, 이경진. (2011). 2011년 한국복지패널 자료를 통해 본 한국의 사회지표. 한국보건사회연구원.

김기헌, 안선영, 장상수, 김미란, 최동선. (2009). 아동· 청소년 생활패턴에 관한 국제비교연구. 서울: 보건복지가족부.

김문길, 김태완, 오미애, 박형존, 신재동, 정희선 등. (2016). 2016년 한국복지패널 기초분석 보고서. 한국보건사회연구원.

김미곤, 손창균, 여유진, 김계연, 유현상, 오지현 등. (2008). 2008 한국복지패널 기초분석 보고서. 한국보건사회연구원.

김미곤, 여유진, 이봉주, 손창균, 김계연, 김문길 등. (2006). 2006 한국복지패널 기초분석 보고서. 한국보건사회연구원.

김미곤, 여유진, 이봉주, 손창균, 김문길, 유현상 등. (2007). 2007 한국복지패널 기초분석 보고서. 한국보건사회연구원.

김영원, 김규성, 강석훈, 이기재, 정주경, 곽수연 등. (2006). 고용실태 분야 국가통계 품질진단 연구용역 최종보고서. 통계청.

김항기, 권혁용. (2017). 부동산과 복지국가. 한국정치학회보, 51(1), 261-285.

박영실, 박효민, 이영미, 김월화. (2016). 지속가능발전목표(SDGs) 데이터 세분화와 항목 표준화 연구. 통계청.

박종일, 박찬웅, 서효정, 염유식. (2010). 한국 어린이-청소년 행복지수 연구와 국제비교. 한국사회학, 44(2), 121-154.

박한우, Loet Leydesdorff. (2004). 한국어의 내용 분석을 위한 KrKwic 프로그램의 이해와 적용: Daum.net에서 제공된 지역혁신에 관한 뉴스를 대상으로. Journal of The Korean Data Analysis Society, 5(5), 1377-1387.

부가청, 장지연. (2006). 고령화연구패널조사의 국제비교연구 활용 가능성. 조사연구, 7(2), 97-122.

부가청. (2006). 국제비교 가능데이터 구축. 노동리뷰, 94-107.

성재민. (2017). 한국노동패널조사에 웹서베이 도입 가능성 검토를 위한 연구. 미발간 자료. 한국노동연구원.

손창균. (2015). 2015년 여성가족패널조사 표본보완을 위한 표본설계 최종보고서, 한국여성정책연구원.

신동균. (1998). 미국 패널데이터의 현황과 시사점. 한국노동패널 워킹페이퍼 시리즈

신현구. (2006). 고령화연구패널 예비조사의 시행 및 주요 결과. 노동리뷰 8월호(통권 20호).

여유진, 김계연, 오지현, 신재동, 김민희. (2009). 2008년 한국복지패널 심층분석 보고서 -한국복지패널을 활용한 사회지표 분석-. 한국보건사회연구원.

여유진, 김미곤, 손창균, 허순임, 이병희, 김수완 등. (2008). 2007 한국복지패널 심층분석 보고서. 한국보건사회연구원.

이상호. (2006). 서구 주요 패널의 조사전략 변화와 시사점. 노동리뷰 4월호(통권 16호).

장지연, 부가청, 이혜정, 신현구, 이철희, 장숙랑, 조성일, Berkman, B. F. (2008). 중고령자 노동시장 국제비교연구. 한국노동연구원 연구보고서, 3.

정이환. (2014). 국제비교를 통해서 본 한국의 고용불안정. 경제와 사회, 103, 103-128.

조성호. (2016). 결혼 및 자녀 출산에 관한 한일 비교분석. 보건사회연구, 36(1), 143-174.

조태경, 손창균. (2015). 한국복지패널조사 자료를 이용한 패널자료의 대표성 평가. Journal of The Korean Data Analysis Society, 17(5), 2461-2471.

홍민기, 최효미. (2014). 노동패널 표본이탈과 불평등 지표. 조사연구, 15(4), 95-122.

Behr, A., Bellgardt, E., & Rendtel, U. (2005). Extent and Determinants of Panel Attrition in the European Community Household Panel. *European Sociological Review*, 21(5), 489-512.

Bianchi, A., Biffignandi, S., & Lynn, P. (2017). Web-face-to-face mixed-mode design in a longitudinal survey: effects on participation rates, sample composition, and costs. *Journal of Official Statistics*, 33(2), 385-408.

Biemer, P. P., & Lyberg, L. (2003). *Introduction to Survey Quality*. Hoboken, NJ: Wiley.

Boudarbat, B., & Grenon, L. (2007). Attrition and Non-Response in Panel Data: The Case of the Canadian Survey of Labor and Income Dynamics.

Castiglioni, Laura, Klaus Pforr, Ulrich Krieger. (2008). The Effect of Incentives on Response Rates and Panel Attrition: Results of a Controlled Experiment. *Survey Research Methods*. 2(3), 151-158.

Coen, A. S., Patrick, D. C., & Shern, D. L. (1996). Minimizing Attrition In Longitudinal Studies Of Special Populations: An Integrated Management Approach. *Evaluation and Program Planning*, 19(4), 309-319.

Curtin, R., Presser, S., & Singer, E. (2000). The effects of response rate changes on the index of consumer sentiment. *Public Opinion Quarterly*, 64, 413-428.

De Leeuw, E. D., De Heer, W. (2002). Trends in household survey nonresponse: A longitudinal and international comparison. In: Groves, R.M., Dillman, D.A., Eltinge, J.L., Little, R.J.A. (Eds). *Survey nonresponse*. New York: Wiley, 41-54.

De Leeuw, E. D., De Heer, W. (2002). Trends in household survey nonresponse: A longitudinal and international comparison. In: Groves, R.M., Dillman, D.A., Eltinge, J.L., Little, R.J.A. (Eds). *Survey nonresponse*. New York: Wiley, 41-54.

De Leeuw, E.D. & Hox, J.J. (2011). Internet surveys as part of a mixed-mode design. Pp.45-76 in M. Das, P. Ester and L. Kaczmirek (Eds.). *Social and Behavioral Research and the Internet*. New York: Routledge.

Dempster, A. P., N. M. Laird; D. B. Rubin. (1977). Maximum Likelihood from Incomplete Data via the EM Algorithm. *Journal of the Royal Statistical Society. Series B (Methodological)*, 39(1), 1-38.

Fitzgerald, J., Gottschalk, P., & Moffitt, R. (1998). An analysis of sample attrition in panel data. *The Journal of Human Resources*, 33(2), 251.

Flashman, J. & Luthra R. R. (2013). Who benefits most from a university degree?: A cross-national comparison of selection and wage returns in the US, UK, and Germany. *American Sociological Association, Conference Papers*, 1-36.

Flashman, J. & Luthra R. R. (2013). Who benefits most from a university degree?: A cross-national comparison of selection and wage returns in the US, UK, and Germany. *American Sociological Association, Conference Papers*, 1-36.

Freedman, Vicki A. (2017). *The Panel Study of Income Dynamics' Wellbeing and Daily Life Supplement (PSID-WB) User Guide: Final Release 1*. Institute for Social Research, University of Michigan.

French, D. J., Sargent-Cox, K. A., Kim, S., & Anstey, K. J. (2014). Gender differences in alcohol consumption among middle-aged and older adults in Australia, the United States and Korea. *Australian and New Zealand Journal of Public Health*, 384, 332-339.

Fuertes, I. (2008). Towards Harmonization or Standardization in Governmental Accounting? The International Public Sector Accounting Standards Board Experience, *Journal of Comparative Policy Analysis: Research and Practice* 10(4), 327-345.

Fuertes, I. (2008). Towards Harmonization or Standardization in Governmental Accounting? The International Public Sector Accounting Standards Board Experience, *Journal of Comparative Policy Analysis: Research and Practice* 10(4), 327-345.

Fuertes, I. (2008). Towards Harmonization or Standardization in Governmental Accounting? The International Public Sector Accounting Standards Board Experience, *Journal of Comparative Policy Analysis: Research and Practice* 10(4), 327-345.

Gebel, M. (2013). *Is a temporary job better than unemployment? A cross-country comparison based on British, German, and Swiss panel data.* SOEP Papers on Multidisciplinary Panel Data Research, 543, 1-32.

Granda, P., & Blasczyk, E. (2016), *Data harmonization: Guidelines for best practice in cross-cultural surveys*, Ann Arbor, MI: Survey Research Center, Institute for Social Research, University of Michigan. http://www.ccsg.isr.umich.edu/

Groves, R. M., & Peytcheva, E. (2008). The Impact of Nonresponse Rates on Nonresponse Bias - A Meta-Analysis. *Public Opinion*

Quarterly. 72(2), 167-189.

He, F., Ishii, K., & Nozaki, K.(2015). Keio Household Panel Survey and Japan Household Panel Survey: Weights and disposable income. 제8회 한국복지패널학술대회 자료집.

Institute for Social and Economic Research. (2017a). *Data and Documentation*. https://www.understandingsociety.ac.uk/documentation. 2017. 8. 30. 인출.

Insititute for Social Research. (2017c). *PSID Seminar Series*, https://psidonline.isr.umich.edu/Publications/Seminar/ 2017. 7. 17. 인출.

Insititute for Social Research. (2017c). *PSID Seminar Series*, https://psidonline.isr.umich.edu/Publications/Seminar/ 2017. 7. 17. 인출.

Institute for Social and Economic Research. (2017b). *BHPS Questionnaires and Survey Documents - Wave 18*. https://www.iser.essex.ac.uk/bhps/documentation/pdf_versions/survey_docs/wave18/index.html. 2017. 8. 17. 인출.

Institute for Social and Economic Research. (2017b). *BHPS Questionnaires and Survey Documents - Wave 18*. https://www.iser.essex.ac.uk/bhps/documentation/pdf_versions/survey_docs/wave18/index.html. 2017. 8. 17. 인출.

Keeter, S., Miller, C., Kohut, A., Groves, R. M., & Presser, S. (2000). Consequences of reducing non-response in a national telephone survey. *Public Opinion Quarterly*, 64, 125-148.

Kim, K., Park, M., & Oh, S. S. (2008). A Study on the Imputation Method for the 2007 Advertising Industry Survey, *Journal of the Korean Data Analysis Society*, 10, 1483-1493. (in Korean).

Kim, Yong-Seong & Frank P. Stafford. (2000). *The Quality of PSID Income Data in the 1990's and Beyond*. PSID Technical Series Paper #00-03.

Little, J. A. & Rubin, D. B. (2002). *Statistical Analysis With Missing Data*. New Jersey: John Wiley & Sons.

Little, Roderick J.A. & Sonya Vartivarian. (2005). *Does Weighting for Nonresponse Increase the Variance of Survey Means?*. Mathematica Policy Research.

Luthra, R. R., & Flashman, J. (2017). Who Benefits Most from a University Degree?: A Cross-National Comparison of Selection and Wage Returns in the US, UK, and Germany. *Research in Higher Education*, 58, 1-36.

Lynn, P., Kaminska, O., & Goldstein, H. (2014). Panel Attrition: How Important is Interviewer Continuity?. *Journal of Official Statistics*, 30(3), 443-457.

Martin, E., & Winters, F. (2001). Money and Motive: Effects of Incentives on Panel Attrition in the Survey of Income and Program Participation. *Journal of Official Statistics*, 17(2), 267.

McGonagle, K. A., Freedman, V. A., Griffin, J., & Dascola, M. (2017). *Web Development in the PSID: Translation & Testing of a Web Version of the 2015 PSID Telephone Instrument*. Technical Series Paper #17-02.

McGonagle, K. A., Freedman, V. A., Griffin, J., & Dascola, M. (2017). *Web Development in the PSID: Translation & Testing of a Web Version of the 2015 PSID Telephone Instrument*. Technical Series Paper #17-02.

Nauck, B., Groepler, N., & Yi, C. (2017). How kinship and welfare regimes shape leaving home: A comparative study of the United States, Germany, Taiwan, and China. *Demographic Research*, 36, 1109-1148.

Nauck, B., Groepler, N., & Yi, C. (2017). How kinship and welfare regimes shape leaving home: A comparative study of the United States, Germany, Taiwan, and China. *Demographic Research*, 36, 1109-1148.

Park, J. S., Kang, C., & Kim, K. K. (2013). A Simulation Study of Imputation Methods for Transportation Corporation's Survey Data, *Journal of the Korean Data Analysis Society*, 15, 1903-1912. (in Korean).

Peytcheva, E., & Groves, R. M. (2009). Using Variation in Response Rates of Demographic Subgroups as Evidence of Nonresponse Bias in Survey Estimates. *Journal of Official Statistics*, 25(2), 193-201.

Rubin, D. B. (1987). *Multiple Imputation for Nonresponse in Surveys*. New York:Wiley.

Satherley N., Milojev P., Greaves LM., Huang Y., Osborne D, Bulbulia J., Sibley, C. G. (2015). Demographic and Psychological Predictors of Panel Attrition: Evidence from the New Zealand Attitudes and Values Study. *PLoS ONE* 10(3): e0121950. https://doi.org/10.1371/journal.pone.0121950.

Schouten, B., Shlomo, N., & Skinner, C. J. (2011). Indicators for monitoring and improving representativeness of response. *Journal of Official Statistics*, 27(2), 1-24.

Shlomo, N., Skinner, C. J., Schouten, B., Bethlehem, J., & Zhang, L. C. (2008). *Statistical Properties of R-indicators*, Work Package 3, Deliverable 2.1, RISQ Project http://www.risq-project.eu

Song, J. W. (2014). A comparison of imputation methods for multiple response questions, *Journal of the Korean Data Analysis Society*, 16(2B), 691-701. (in Korean).

Statistics Canada. (2011). *Survey of Labour and Income Dynamics*

(SLID): Preliminary, Labour and Income Interview Questionnaire for Reference Year 2011. Catalogue no. 75F0002M.

Statistics Canada. (2013). *Survey of Labour and Income Dynamics.* http://www23.statcan.gc.ca/imdb/p2SV.pl?Function=getSurvey&Id=132028#a1 2017. 8. 17. 인출.

Statistics Canada. (2013). *Survey of Labour and Income Dynamics.* http://www23.statcan.gc.ca/imdb/p2SV.pl?Function=getSurvey&Id=132028#a1 2017. 8. 17. 인출.

Statistics Canada. (2017a). *Canadian Income Survey (CIS).* http://www23.statcan.gc.ca/imdb/p2SV.pl?Function=getSurvey&SDDS=5200&Item_Id=136962#a1. 2017. 8. 17. 인출.

Statistics Canada. (2017b). *Workshops, training and conferences.* http://www.statcan.gc.ca/eng/services/wtc. 2017. 8. 21.인출.

Tourangeau, R., & Ye, C. (2009). The Framing of the Survey Request and Panel Attrition. *The Public Opinion Quarterly,* 73(2), 338-348.

Trappmann, M., Gramlich, T., & Mosthaf, A. (2015). The effect of events between waves on panel attrition. *Survey Research Methods,* 9(1), 31-43.

UK Data Service. (2017). *Training workshops, conferences, seminars and related events.* https://www.ukdataservice.ac.uk/news-and-events/events. 2017. 8. 21.인출.

Vandecasteele, L., & Debels, A. (2006). Attrition in Panel Data: The Effectiveness of Weighting. *European Sociological Review,* 23(1), 81-97.

Wagner, J. (2010). The Fraction of Missing Information as a Monitoring Tool for Survey Data Quality. *Public Opinion Quarterly.* 74(2), 223-243.

Watson, D. (2003). Sample Attrition between Waves 1 and 5 in the European Community Household Panel. *European Sociological Review*, 19(4), 361-378.

한국복지패널 1~11차 원자료.

한국복지패널 홈페이지 http://www.koweps.re.kr

게이오 패널 데이터 센터 홈페이지 https://www.pdrc.keio.ac.jp/en/

대만 가구동향 패널조사 홈페이지 1 https://srda.sinica.edu.tw/group/scigview_en/2/5

대만 가구동향 패널조사 홈페이지 2 https://psfd.sinica.edu.tw/web/plan_01en.htm

간행물회원제 안내

▶ 회원에 대한 특전

- 본 연구원이 발행하는 판매용 보고서는 물론 「보건복지포럼」, 「보건사회연구」도 무료로 받아보실 수 있으며 일반 서점에서 구입할 수 없는 비매용 간행물은 실비로 제공합니다.
- 가입기간 중 회비가 인상되는 경우라도 추가 부담이 없습니다.

▶ 회원종류

- 전체간행물회원 : 120,000원
- 보건분야 간행물회원 : 75,000원
- 사회분야 간행물회원 : 75,000원
- 정기간행물회원 : 35,000원

▶ 가입방법

- 홈페이지(www.kihasa.re.kr) - 발간자료 - 간행물구독안내

▶ 문의처

- (30147) 세종특별자치시 시청대로 370 세종국책연구단지 사회정책동 1~5F
  간행물 담당자 (Tel: 044-287-8157)

KIHASA 도서 판매처

- 한국경제서적(총판) 737-7498
- 영풍문고(종로점) 399-5600
- Yes24 http://www.yes24.com
- 교보문고(광화문점) 1544-1900
- 서울문고(종로점) 2198-2307
- 알라딘 http://www.aladdin.co.kr